West China
Education Report

教育部哲学社会科学发展报告项目
教育学一流学科建设项目研究成果

西部教育报告

West China Education Report

2020-2021

（总第9卷）

郝文武　主编

教育科学出版社
·北京·

出 版 人　郑豪杰
责任编辑　何　蕴
版式设计　杨玲玲
责任校对　张晓雯
责任印制　叶小峰

图书在版编目（CIP）数据

西部教育报告. 2020—2021：总第 9 卷 / 郝文武主编
. —北京：教育科学出版社，2022.6（2023.9 重印）
　　ISBN 978-7-5191-3155-5

　　Ⅰ.①西…　Ⅱ.①郝…　Ⅲ.①教育工作—研究报告—
西北地区—2020‑2021　②教育工作—研究报告—西南地区
—2020‑2021　Ⅳ.① G527

　　中国版本图书馆 CIP 数据核字（2022）第 094634 号

西部教育报告 2020—2021（总第 9 卷）
XIBU JIAOYU BAOGAO 2020—2021

出 版 发 行	教育科学出版社				
社　　　址	北京·朝阳区安慧北里安园甲 9 号		邮　　　编	100101	
总编室电话	010-64981290		编辑部电话	010-64989421	
出版部电话	010-64989487		市场部电话	010-64989009	
传　　　真	010-64891796		网　　　址	http://www.esph.com.cn	
经　　　销	各地新华书店				
制　　　作	北京京久科创文化有限公司				
印　　　刷	唐山玺诚印务有限公司				
开　　　本	787 毫米 × 1092 毫米　1/16		版　　　次	2022 年 6 月第 1 版	
印　　　张	11.25		印　　　次	2023 年 9 月第 2 次印刷	
字　　　数	187 千		定　　　价	34.00 元	

图书出现印装质量问题，本社负责调换。

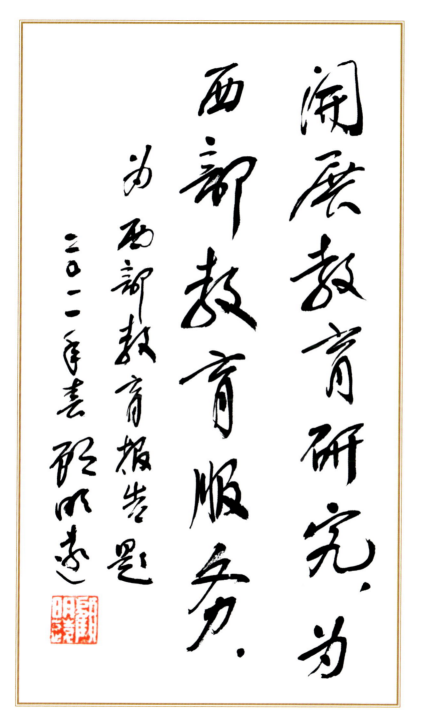

开展教育研究，为西部教育服务。

为西部教育报告题

二〇二一年春 顾明远

中国教育学会名誉会长、北京师范大学资深教授顾明远先生题词

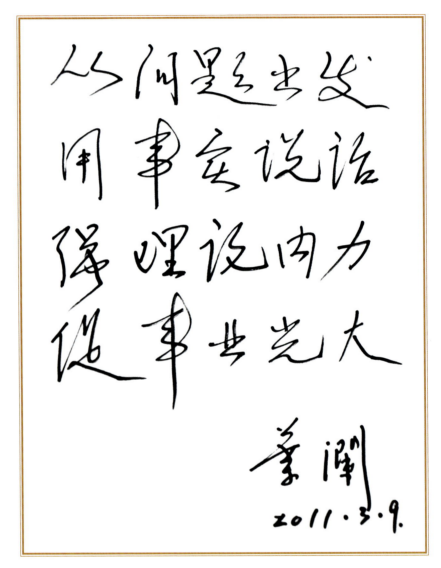

从问题出发
用事实说话
循理说内力
随事共光大

叶澜
2011·3·9.

华东师范大学终身教授叶澜先生题词

序 言
Introduction

● 郝文武

Hao Wenwu

《西部教育报告》从2011（总第1卷）面世，到2020—2021（总第9卷）出版，已有10个年头。2013年，《西部教育报告》还获得了"教育部哲学社会科学发展报告项目"的资助。为了感谢国内外专家、学者、同人及各级领导和管理者对《西部教育报告》的关心、支持和做出的重要贡献，为了使更多的人了解《西部教育报告》、关心和支持《西部教育报告》，也为了总结经验、开创未来、把它办得更好，《西部教育报告》每一卷都要以序言的形式，说明它的来由、已做的工作和未来的设想。

一、创办缘由和形成过程

《西部教育报告》是由西部12个省份的教育学专家、学者组成的学术团队和编委会，依托"教育部哲学社会科学发展报告项目"和西部各省份"教育学一流学科建设项目"，凝聚西部教育学人的力量，用实证和实验方法，反映西部教育成果的年度学术报告。

在2014年之前，《西部教育报告》依托国家"'211工程'重点学科建设项目"分项目"面向当代教师教育的教育科学研究"和"国家教师教育'985'优势学科创新平台建设项目"子项目"教师教育理论创新与研究中心建设"。遵照国家相关要求，从2014年开始，"'211工程'重点学科建设项目"改为"教育学一流学科建设项目"，这两个项目的共同特点是旨在加强教育学学科建设，不同的是前者是对"211工程"重点大学的特别支持，后者是对所有有实力的大学和学科的支持，这更有利于调动各层面学科建设的主动性、积极性，充分发挥各层面学科建设的创造性，也更有利于凝聚西部教育学人的力量，开展全面深入的西部教育研究。《西部教育报告》已于2013年获批"教育部哲学社会科学发展报告项目"，这为进一步凝聚西部教育学人的力量，开展全面深入的西部教育研究注入了强大动力。有了"教育部哲学社会科学发展报告项目"和西部各省份"教育学一流学科建设项目"这两个重要项目的大力支持，《西部教育报告》更加名副其实，也将越办越好。

西部的过去是欠发达的，西部的现实是蓬勃发展的，西部的未来是充满希望的。西部社会经济和文化的特点决定了西部教育发展的特点，把西部各方教育研究力量组织起来，集中各方的智慧全面深入研究西部教育，促进西部教育的改革和发展，是大家多年来的愿望。但以什么方式把大家组织起来是西部教育学同人长期思考的问题。2011 年，我们终于以《西部教育报告》这种方式把大家组织起来了，西部教育学同人都感到非常高兴。我们陕西师范大学的教育学人因能为实现大家的愿望和促进西部教育的发展做一点事情而感到十分荣幸。

2008 年 10 月，陕西师范大学开始启动国家"211 工程"重点学科建设三期项目，学校在不同学科设了七个分项目。当时的教育科学学院承担了"面向当代教师教育的教育科学研究"项目。2009 年 5 月，陕西师范大学开始启动实施的"国家教师教育'985'优势学科创新平台建设项目"包括"教师教育学科专业建设""教师教育理论创新与研究中心建设""免费师范生学科专业能力拓展与创新实验中心建设""教师专业能力发展中心建设""教师教育资源中心建设""教师教育创新实验区建设""教师教育师资队伍建设""中小学教师专业能力训练和教学技能大赛平台建设"8 个子项目。以教育学院教师为主的教学科研团队承担了"教师教育理论创新与研究中心建设"子项目。

"教师教育理论创新与研究中心建设"项目包括"教师教育制度创新与政策研究""教师教育基本理论创新研究""基础教育教师专业发展实验研究""《西部教育报告》名刊工程"四个分项目。"教师教育理论创新与研究中心建设"项目的目标就包含在它的名称中。具体讲，教师教育理论创新的目标是通过长期深入研究，承担重大教学科研项目，产出重大教学科研成果，形成以西部教师教育改革和发展为主要内容与特色的教育制度创新理论、课程教学创新理论、学校管理创新理论；通过教学科研平台建设，凝聚西部各方教育研究力量，形成管理运作机制和方式有效、知识和年龄等结构合理的学术团队，建设国内领先、具有一定国际影响力的教师教育重点研究基地；通过形成反映和引领西部教育与课堂教学实践的研究成果，为国家和西部教育管理部门、学校师生提供咨询服务。

我们承担的国家"'211 工程'重点学科建设项目"分项目和"国家教师教育'985'优势学科创新平台建设项目"子项目既有特殊性，又有共同性。特殊性是"国家教师教育'985'优势学科创新平台建设项目"子项目的对象和成果主要与教师教育相关，而"'211 工程'重点学科建设项目"分项目则既包括教师教育的内容，也涉及教育学科的其他广泛内容。共同性是它们都既要研究我国教育和教师教育改革与发展中的普遍问题，又要突出西部特点，形成西部特色。对于如何形成西部特色，从这两个项目启动开始，课题组一直在寻求突破口，但很长时间没有进展，也没有找到合适的命题和名称。

2009年，陕西师范大学教育学院盛情邀请华东师范大学终身教授丁钢先生和南京师范大学教授吴康宁先生主持教育学原理博士学位论文答辩，并在"教育书院教授讲会"做学术报告，讨论交流课题特色的凝练问题。对于凝练这两个课题的研究特点，丁钢先生认为，改革开放以来，我国的教育研究成果丰硕，涌现出了许多理论著作，以及不少实证研究报告，如丁钢主编的《中国教育：研究与评论》、劳凯声主编的《中国教育法制评论》、袁振国主编的《中国教育政策评论》等，但对于西部教育的实证研究都是零星的、断续的，在教育学界没有产生冲击力和影响力。西部不仅是全中国也是全世界关注的神奇土地，如果能通过揭示西部教育的矛盾，发现其中不断涌动的活力和希望，形成对西部教育实践和现实的全面深入、持续不断的实证研究的报告，不论是在国内还是在国外都是很有特色和冲击力的。大家对丁钢先生的分析十分敬佩。《西部教育报告》由此而得名。

《西部教育报告》的出版得到华东师范大学终身教授叶澜先生的特别支持，她的研究精神、研究方式为我们树立了榜样。叶澜先生把她长期研究形成的教育理论、理念与基础教育实践相结合，深入课堂教学第一线从事新基础教育的教育教学改革实验研究，指导基础教育的教育教学实践。出版《西部教育报告》的一个重要目的就是通过发表西部教育教学改革实验报告，引导同行学者以叶澜先生为榜样，向叶澜先生学习，鼓励和支持专家学者深入西部教育实践和课堂教学第一线进行研究，创新教育教学理论，引领、指导和推动西部教育教学改革。

2010年，叶澜先生出席了由陕西师范大学主办的全国教育博士专业学位教育工作扩大会议后，应邀做客陕西师范大学"教师教育论坛"和教育学院"教育书院教授讲会"，为千余名师生做了题为"'新基础教育'研究中的课堂教学改革"的精彩学术报告。在此期间，我向叶澜先生介绍了《西部教育报告》策划缘由和进展情况后，她非常高兴，爽快地答应做本书的顾问。她不顾旅途劳顿，用了很多时间给我们提出了许多中肯的意见和建议。这成为《西部教育报告》得以形成的重要动力。她指出，《西部教育报告》这个名称很好，包含许多内容，有非常大的发展空间和可挖掘的东西，在这个名称下可以做许多事情。但她又说，要把《西部教育报告》做好也很难，要付出许多努力，我们不能为了占这个好名字而形成一堆文字垃圾，糟蹋这个名字。她认为，《西部教育报告》不仅应该是陕西人研究西部教育的报告，也应该成为西部人研究西部教育的报告，甚至应该成为全国乃至全世界研究中国西部教育的报告。她建议，成立由西部12个省份中对西部教育有研究兴趣、有研究基础和潜力的专家、学者组成的《西部教育报告》学术团队和编委会，首先召开学术研讨会议，研究西部教育及其研究的历史、现状、问题和未来应该努力的方向，然后组织力量，根据西部各省份经济社会和教育发展实际开展深入研究，形成真正有特色的《西部教育报告》。

2010年6月，由陕西师范大学教育学院主办，《西部教育报告》研讨会在西安召开。西部12个省份师范院校的80多位专家学者认真研讨了西部教育及其研究的历史、现状、问题和未来应该努力的方向，并拟订了具体的研究、出版计划和《西部教育报告》总第1卷、总第2卷的稿件形成、审阅计划。这次会议的成功举办成为《西部教育报告》诞生的重要标志。为使《西部教育报告》的出版达到理想水平，我们从2010年7月开始了稿件征集、初审和修改工作。2010年10月，我们组织《西部教育报告》的顾问、主编、副主编、编委和为《西部教育报告》总第1卷、总第2卷提供稿件的作者，举行了《西部教育报告》审稿会议，对陕西师范大学、西南大学和西北师范大学教育学人提供的研究西部教育的近10篇实证研究报告和实验研究报告进行了认真审阅，并提出进一步的修改意见和建议。丁钢先生作为《西部教育报告》的顾问出席了审稿会议，对每篇稿件都进行了认真审阅，提出了宝贵的修改意见。

为了实现《西部教育报告》的预设目标，"教师教育理论创新与研究中心建设"子项目教学科研团队制定明确目标、落实任务、整合机构、聚集力量，形成优化组织和高效运行的重点研究基地建设的长期和近期规划，制订了在西部地区建立20—30个师范院校和省地市级教育学院、教师进修学校研究实验基地和网点，在西部地区中小学、幼儿园建立20—30个县级研究实验基地和网点，进行周密的调查研究、全面深入的实证研究和长期的实验研究的计划。从2010年3月开始，我们逐渐在各基地和网点展开实验研究。

近年来，陕西师范大学教育学学科建设和教学科研都取得了显著成绩：目前有11个博士学位授权点，有教育学一级学科硕士和博士学位授权点；教育学专业是国家特色专业，学前教育本科专业为省级特色专业，教育学教学团队和课程与教学论系列课程教学团队是省级教学团队；形成外国教育史、公共教育学、学前教育学、课程与教学论、教育哲学等国家和省级精品课程及教育心理学、教学论省级双语教学示范课程；近年来承担国家和省部级教学科研项目数十项，在《教育研究》等刊物发表高质量学术论文百余篇，在中国社会科学出版社、教育科学出版社等出版机构出版系列学术专著数十部。但我们的教育学研究方法主要是传统的思辨研究方法，有效运用这种研究方法是必要的，而仅仅运用这种方法又明显是有缺陷的。

为了解决这个问题，我们把改变研究方法的问题放在非常突出的位置，先后邀请了顾明远、王英杰、劳凯声、张斌贤、石中英、王本陆、叶澜、陆有铨、丁钢、陈学飞、吴康宁、金生鈜、王坤庆、涂艳国、张诗亚、靳玉乐、李森、朱德全、扈中平、徐福荫、潘懋元、刘海峰、刘旭东、徐继存、曾天山、高宝立等专家学者，主持我校教育学原理和课程与教学论博士学位论文答辩，做客"教育书院教授讲会"，做教育研究方法的专题报告。我们还先后邀请美国、英国、加拿大等国家以及我国香港地区和台湾地区的专家学者做客"教育书院教授讲会"，他们对我校教育学教学和科研工作提出了宝贵的意见和建议，他们的研究方法也使我们受益匪浅。

二、研究特色和重点规划

《西部教育报告》以突出三个特色、坚持三个导向为宗旨。一是突出西部教育研究特色，坚持以促进西部教师教育和基础教育的内涵发展及质量提高研究为根本导向；二是突出教育教学微观研究特色，坚持以西部师范院校和中小学校及其教师发展研究、基础教育德育研究、课堂教学实践微观层面研究为基本领域；三是突出实证和实验研究特色，坚持以深入精细调查研究、长期追踪实验研究为主要方法，特别注重和资助追踪实验研究、西部教育发展和教育政策研究。

教育学学科和教师教育专业原来是师范院校的重要基础学科和专业，现在正在发展为师范院校的特色和优势学科与专业。教育学在发展过程中最初指的就是教教书育人的学问。在近现代中国，教育学学科和专业不仅是师范教育、师范院校的基础学科和核心专业，是决定和区分师范教育与普通教育、师范院校与普通院校性质的关键和灵魂，还发展成为全面研究教育理论、教育制度、教育政策、教育教学改革、教师培养和发展等的重要学科和专业。没有教育学学科和专业的就是普通教育、普通院校，有教育学学科和专业的就是师范教育、师范院校。不仅如此，师范教育、师范院校还独立设置，自成体系，在国家的专业教育发展中得到特别的关注和关照。由于教育学与师范教育、师范院校有如此紧密的关系，所以，教育学的发展对师范教育、师范院校的发展，师范教育、师范院校的发展对教育学的发展都具有特殊和重要的意义。

在近现代世界各国的专业教育发展中，不同国家的教育学学科和专业有着不同特点，有许多国家与中国类似，教育学学科和专业曾具有重要或突出的地位和作用。但在现当代，许多国家的教育学学科和专业逐渐加强了与普通学科、普通专业和普通教育、普通院校的联系，逐渐融入其中，成为普通教育、普通院校中的一个学科和专业。这并不能说明教育学学科和专业的地位在下降，相反，它充分表明教育学学科和专业与其他学科和专业一样具有了强大的能力和实力，不再是需要特殊对待和保护的学科与专业。当代中国的师范教育、师范院校正在进行着重大的转变和变革，这种转变和变革与世界各国师范教育、师范院校的转变和变革有何联系和区别？对中国的教育学和师范教育、师范院校发展有何意义？由师范教育向教师教育变革的社会基础是什么？它的方向、目标、过程和战略策略是什么？师范教育与教师教育有何区别和联系？学者们对于这些问题有不同看法。我国西部培养教师的教育所面临的问题同全国的情况一样，既有从师范教育向教师教育转变的问题，开放性、综合化、高学历化、职前职后一体化的问题，也有由地区特点决定的特殊问题；既有教师专业化的问题，也有教师职业化的问题；既有新教师选拔培养的问题，也有教师在职进修学习和自我提高的问题；既有教师队伍建设和质量提高的问题，也有教师合理流动和教师结构优化的问题；等等。为了推动农村教育发展，实现城乡教育公平，2007 年开始，国家在六所部属师范大学实施免费师范生教育，其中西部有两所，招生数量最多。西部免费师范生的教育培养、就业和发展同样有一定的特殊性。由西部师范院校编写的《西部教育报告》，必须结合中国和世界教师教育发展的趋势，全面深入研究西部教师教育和教师发展的特殊性问题。

基础教育是人生的基础、教育的基础、民族和国家的基础，与教师教育有紧密联系。科教兴国，教育为本。发展教育，教师为本。促进教育发展，有充足的教育经费很重要，有很好的教育政策很重要，有很好的教学设备也很重要，还要有很好的教材，但所有这些很好的条件最终都要落实到学校教育中，落实到课堂教学中。课堂教学的关键是教师，提高教师素质是提高教育教学质量的关键。西部社会经济和科技文化发展水平决定了西部基础教育，特别是农村基础教育吸引高素质教师和构建稳定的高素质教师队伍的情况。西部地区民族自治地方较为集中，我国有五个民族自治区，五个都在西部，其他不是自治区的省份也有不少民族自治县等自治地方。这也是西部教育，特别是基础教育发展的显著特点。前几十年全国"普九"的困难主要在西部，特别是农村和少数民族地区。素质教育和"新课程改革"的困难也主要在西部，特别是农村和少数民族地区。西部教育如何吸引和培养更多优质教师，促进教师发展，稳定教师队伍，促进教师合理流动？如何吸引更多教育资源、资金改善办学条件，使更多农村孩子享受优质教育，使进城务工人员子女的受教育权得到充分保护，实现教育公平？如何适应课程教学改革理念和要求，改进教育教学内容、方式，提高教育教学质量？如何保护和弘扬民族文化，使我国各民族文化协调发展？所有这些复杂和现实的问题都需要全面深入研究。

西部高等教育发展极不平衡，陕西西安是我国高等教育发展重镇，公办高校和民办高校有数十所，排在全国各省份前列，特别是民办高校多年来发展迅速。重庆也有较多高校，但西部其他省份高校较少。在西部经济欠发达、实施西部大开发以及西部经济社会和科技文化大发展的状况下，高校密集的陕西和高校较多的重庆在高等教育发展方面如何发挥带动作用？高校力量薄弱的省份如何加大高等教育发展力度？西部高等教育如何调整数量、优化结构、强化优势、突出重点、提高质量，与经济社会和科技文化紧密结合，培养足够数量的专业和知识结构、梯队和团队结构合理的高质量人才，带动和促进本省份及其他省份乃至全国经济社会和科技文化的发展，以及基础教育的发展？对于这些问题，必须进行全面深入的研究。

职业教育是现代教育的重要组成部分，是培养技能型人才的重要途径。改革开放以来，我国一直非常重视职业教育发展，但出于各种原因，我国的职业教育发展还存在很大问题，还远不能适应我国经济社会发展的要求。出于经济和文化原因，西部职业教育发展缓慢，与理想状态有更大差距。劳动光荣，技能宝贵，创造伟大。西部各省份如何通过改变文化观念、调整教育结构、加强职业教育与行业企业的关系，促进职业教育发展，进而促进经济社会和文化科技的发展，是当前教育研究的一个重点和热点问题。

编写《西部教育报告》的目的不仅在于出版几篇研究报告，还在于表明一种态度，引导一种方向，坚持一种精神，提倡一种方法。这种态度、方向、精神和方法就是深入教育教学实践，深入课堂教学第一线进行实验和实证研究。理论与实践有紧密关系，理论来自实践、指导实践，因此绝对不能轻视教育实践的研究，但目前的教育教学实验研究太少。《西部教育报告》强调实践对理论形成的特殊性、根源性和重要性，强调理论形成的实践性、实证性和实验性，不发表纯理论的研究成果，特别重视教育教学实验研究，优先选用教育教学实验研究报告。陕西师范大学"国家教师教育'985'优势学科创新平台建设项目""教育学一流学科建设项目"研究，以及以后其他教育学科相关研究的总体内容主要有两个部分：一是实证和实验研究，二是理论研究。实证和实验研究成果主要通过《西部教育报告》体现，理论研究的成果主要通过系列专著体现。

为彰显自身宗旨，《西部教育报告》设置了"教师教育和教师发展""教育教学改革实验""基础教育和民族教育""教育发展和教育政策""高等教育改革和发展""职业教育改革和发展"等栏目，其中前三个栏目力争每卷至少发表一篇研究报告，其他栏目根据稿源状况设置。从2011总第1卷到2018—2019总第8卷，"教师教育和教师发展"栏目已经发表《陕西师范大学免费师范生职业选择与发展意愿调查报告》《当前师范院校教育学课程群建设——从全国性变革走向探求西北地区的对策》《为了稳定和提高的流动——西部地区中小学教师流动现状调查报告》《一个西部农村县教师结构 50 年的变迁》《重庆市统筹城乡教师继续教育有效模式研究》《高师院校教师教学学术水平调查报告——以西北地区三所高等师范院校为例》《宁夏特岗教师结构优化研究——以海原等三个县为个案》《西北连片特困地区教师专业自主发展意识问题研究报告》《新疆生产建设兵团特岗教师工作满意度及其影响因素分析》《如何留住乡村教师——基于乡村教师生存图景的整体思考》等 10 篇研究报告；"教育教学改革实验"栏目已发表《西部农村中学"双证六连结构"教育扶贫模式实验报告》《学思维活动课程促进中小学生创新素质发展的实验研究系列报告》《以学科为载体的中学英语教学改革研究实验报告》《"数学绿色评价"实验研究》《新市民子女城市社会文化适应问题的教育支持研究——来自陕西省 W 市 GX 中学的实验报告》《"思维型"课堂教学对初中生创新素质影响的实验研究》《西部地区职前化学教师 TPACK 水平的测查与实验研究》《初中生创新素质培养实验研究》等 8 篇研究报告；"基础教育和民族教育"栏目已发表《洒下甘露，让孩子体味别样滋润——陕西省石泉县留守儿童教育管护调查研究》《成绩与问题并存，实现目标任重道远——西北地区高中新课程实施现状调查报告》《青海义务教育阶段学校生活公平发展的调查研究》《基础教育：民族传统文化传承的重要途径——以凯里市舟溪逸夫中学为个案的研究》《西南农村基础教育新课程实施十年检视：现状、经验、问题与对策》《民族中小学校本课程资源开发中的文化选择研究——以宁夏回族自治区为例》《黔东南州农村留守儿童调查报告》《新疆维吾尔木卡姆教育传承研究报告》《陕西省普通高中标准化建设调研报告》《西北民族地区农村中小学教师对新课程改革适应性研究——以宁夏、甘肃、青海为例》《为办好"人民满意的教育"而不懈努力——西北地区农村基础教育满意度调查研究（一）》《为办好"人民满意的教育"而不懈努力——西北地区农村基础教育满意度调查研究（二）》《接受现代教育是村民脱贫致富的重要保障——丝路沿线国家级贫困县村民脱贫致富与受教育状况关系调研报告》《教育应为脱贫致富奠定良好基础——西北连片特困地区农村家庭经济与教育情况的调查分析》等 14 篇研究报告；"教育发展和教育政策"栏目已发表《21 世纪初中国西部义务教育发展状态分析与政策研究》《21 世纪初西部义务教育经费投入发展状态研究》《21 世纪初西部义务教育师资队伍建设研究》《2000—2015 年我国西部学前教育发展状况研究》等 4 篇研究报告；"高等教育改革和发展"栏目已发表《西北山区乡村人的大学梦——以陇中二百户村为个案的大学信任基础研究》《西部高等教育现代化转型：现状、问题及路径》《大学毕业生就业能力与就业质量的关系研究——以陕西省九所高校的调查数据为例》《高校创业教育现状及发展对策研究——基于西安部分高校学生的调查分析》《青海省高等教育规模的生态化发展研究》等 5 篇研究报告；"职业教育改革和发展"栏目已发表《职业教育城乡统筹研究报告——以重庆市为例》。这些研究报告都有鲜明的主题、翔实的资料和数据、科学的统计和分析，主要从微观角度系统研究了西部教育发展不同层面的历史、现状、经验、成绩和问题，对西部教师教育、基础教育、民族教育、高等教育和职业教育的改革与发展提出了合理建议，形成了鲜明的咨询特点。

三、致谢和期待

《西部教育报告》2013 年获批"教育部哲学社会科学发展报告项目"。这是专家学者对我们的认可和支持、国家教育科研管理部门对我们的信任和鼓励，也为我们指明了方向，对我们提出了更高要求，我们将以更加坚定的决心和认真的态度做好这项工作。《西部教育报告》计划每年出版一卷，每卷约 30 万字，收录 5—6 篇系统性、实证性、实验性强的高质量稿件。我们将对高质量稿件给予颇丰稿酬，并对高质量实验报告给予特别经费资助。希望教育界同行和社会各界关注与支持西部教育研究和《西部教育报告》，特别希望由西部 12 个省份的教育学专家学者组成的《西部教育报告》学术团队和编委会精心策划、精诚合作，努力做好西部教育研究，尽力提供反映西部教育鲜活实践和现实的优质稿件，使《西部教育报告》在重点反映西部学人对于西部基础教育和教师教育的实证与实验研究成果的基础上，成为所有研究西部教育的专家学者和研究生发表相关实证与实验研究成果的重要平台。

根据"教育部哲学社会科学发展报告项目"的宗旨和要求，《西部教育报告》把教育发展和教育政策作为重点研究领域，根据稿源状况灵活设置"教育发展和教育政策"栏目，根据需要对高质量稿件给予特别资助。该栏目主要关注国家教育政策对西部教育的影响，西部各省份教育政策的演变发展和对西部教育的影响；根据西部教育发展特点和状态，提出调整和变革国家和西部各省份的教育政策的建议；从数据统计角度，研究西部教师教育和教师发展、基础教育和民族教育发展、高等教育和职业教育发展的整体状态、结构状态、速度状态，并提出保持和调整教育发展状态的合理建议。希望专家学者、博士研究生和硕士研究生高度重视西部教育政策、西部教育发展特点和状态研究，高度关注"教育发展和教育政策"这个栏目，提供丰富优质稿源，以使之成为高质量的著名栏目。

《西部教育报告》的编辑出版得到了国内外专家学者的大力支持和亲切指导。著名教育家、中国教育学会名誉会长、北京师范大学资深教授顾明远先生，中国教育学会原副会长、华东师范大学终身教授叶澜先生，陕西师范大学原党委书记甘晖教授，甘肃省教育厅原厅长王嘉毅教授，华东师范大学丁钢教授，西南大学张诗亚教授担任《西部教育报告》顾问。顾明远先生和叶澜先生欣然为《西部教育报告》题词，分别是"开展教育研究，为西部教育服务""从问题出发，用事实说话；强理论内力，促事业光大"。

《西部教育报告》由陕西师范大学郝文武主编，西南大学朱德全教授、西北师范大学刘旭东教授、陕西师范大学李录志教授为副主编。陕西省社会科学院院长司晓宏教授（曾任陕西师范大学党委副书记）担任编委会主任。编委会由陕西师范大学、西南大学、西北师范大学、四川师范大学、云南师范大学、贵州凯里学院、西藏民族大学、青海师范大学、宁夏大学、新疆大学、广西师范大学、内蒙古师范大学等西部院校的教育学人组成。

《西部教育报告》的创办不仅得到了国内外许多专家学者的关心和指导，也得到了各级领导和管理部门的鼓励和支持，还得到了众多博士研究生、硕士研究生的帮助和支持。在此，我们编委会衷心感谢各级地方政府及教育和统计部门，以及各中小学、幼儿园的领导和教师的支持，衷心感谢西南大学、陕西师范大学和西北师范大学各位领导和各职能部门同人的支持，衷心感谢课题组各位专家教授、博士研究生和硕士研究生为完成研究任务所做的贡献，衷心感谢担当《西部教育报告》顾问的全国著名学者，衷心感谢顾明远先生、叶澜先生为《西部教育报告》欣然题词，同样要感谢教育科学出版社各位同人对《西部教育报告》出版付出的辛劳。

希望国内外专家学者继续给予《西部教育报告》更多的关注和支持，广大读者给予更多的关心和爱护，并提出宝贵意见和建议。希望在我们的共同努力下，《西部教育报告》成为以实证和实验研究为主要方法，以西部教师教育和基础教育研究为主要特色，在国内外具有较大影响力的名牌年度学术报告和西部教育研究的标志性成果；成为推动西部各省份教育学一流学科建设的重要力量，形成和聚集西部各省份教育学一流学科建设成果的重要平台、载体；成为推动西部教育发展的重要力量。

郝文武

2021年于西安

目　录

Contents

≫ 教育发展和教育政策

我国西部地区义务教育现代化发展状况分析及建议

——基于 2010—2018 年教育统计数据的分析[①]

◉ 陈 浩

摘 要：西部地区义务教育现代化是西部地区教育现代化的核心和基础，关系到我国教育现代化整体发展及教育公平。本研究以国家统计局和教育部发布的 2010—2018 年统计数据作为分析资料，通过对比西部地区与全国义务教育阶段的学校规模、教育经费、师资建设、基础设施和发展质量五个维度的发展情况，从横、纵两个维度描述西部地区义务教育现代化发展的现状。从教育投入、教育条件、教育公平三个层面构建义务教育现代化发展指数体系，测算西部各省份及全国平均教育综合指数，将西部省份的教育划分为强均衡发展型、强非均衡发展型、弱均衡发展型和弱非均衡发展型四种类型。研究发现，近年来西部地区义务教育现代化发展程度明显提高，但发展水平并不平衡，在教育质量提升和教育均衡发展方面仍有空间。研究提出三点建议。第一，加强对西部地区义务教育的财政支持，特别要平衡中央、地方政府对教育财政的权责。第二，提高西部地区义务教育教师数量和素质，尤其要帮扶农村等落后地区。第三，加强对西部民族地区的教育支持，新时代下教育援藏、援疆工作要持续进行迈上新台阶。

关键词：西部教育；义务教育；教育现代化

作者简介

陈浩，陕西师范大学教育学部西北基础教育与教师教育研究中心博士研究生，电子邮箱：897479056@qq.com。

---

① 基金项目：2018 年度国家社会科学基金教育学国家重大课题"振兴乡村战略中的农村教育现代化研究"（项目批准号：VHA180004）。

Analysis Report on Modernization Development of Compulsory Education in West China

—— Analysis Based on 2010—2018 Education Statistics

Chen Hao

Abstract: The modernization of compulsory education in the western region is the core and foundation of the educational modernization in the western region. It is related to the development of hational overall education modernization and education equity. Based on the statistical data of 2010—2018 released by the National Bureau of Statistics and the Ministry of Education, this study compares the development of compulsory education in west China and the whole country in five dimensions: school scale, education funds, teacher construction, infrastructure and development quality. This study also describes the current situation of the modernization of compulsory education in west China from the horizontal and vertical axes. The index system of compulsory education modernization is constructed from the three levels, which are education input, education conditions and education equity, and the average comprehensive index of education in western provinces and the whole country is calculated. The education in western provinces is divided into four types: strong balanced development type, strong unbalanced development type, weak balanced development type and weak unbalanced development type. The study points out that in recent years, the development level of compulsory education in the western region has been significantly improved, but the level of development is not balanced, and there is still room for development in the improvement of education quality and balanced development of education. According to the analysis conclusion, three suggestions are put forward. First, we need to strengthen financial support for the western region, especially to balance the power and responsibility of "county-based" and the central and local governments for education finance. Second, we should improve the number and quality of compulsory education teachers in the western region, especially in rural areas and other backward areas. Third, we should strengthen the support for education in the western ethnic areas and continue to step up the work of aiding Tibet and Xinjiang in the new era.

Keywords: west China education；compulsory education；education modernization

Author:

Chen Hao, doctoral student in Faculty of Education, Northwest Research Center for Basic and Teacher Education, Shaanxi Normal University, e-mail: 897479056@qq.com.

一、前言

（一）研究缘起

1. 西部地区教育现代化是我国教育现代化的重要组成部分

改革开放 40 多年来，我国教育事业取得了伟大的进步和成就，教育现代化水平不断提升。实现教育现代化，就是要不断扩大优质教育资源总量，不断满足人民群众对高质量教育的需求。西部地区由于地理环境和社会经济等因素的影响，教育现代化发展总体水平相对较低，成为我国教育现代化的短板。《中国教育现代化2035》提出，要完善区域教育发展协作机制和教育对口支援机制，深入实施东西部协作，推动不同地区协同推进教育现代化建设。可以说，只有解决好西部教育现代化的问题，才能真正促进我国教育现代化朝向优质、公平、均衡的方向发展。

2. 西部地区义务教育现代化是西部地区教育现代化的核心和基础

无论任何国家和民族，义务教育都是其整个教育体系中最基础、最重要的核心部分。义务教育不同于其他阶段教育，具有强制性、公益性和统一性。义务教育关乎每一个适龄儿童和每一个家庭的利益，更关系到整个国家的人才培养。西部地区教育现代化的发展也是以义务教育为根本来推进的。近年来，我国重点强调义务教育均衡发展。2012 年，国务院印发《关于深入推进义务教育均衡发展的意见》，指出要"积极推进义务教育学校标准化建设，均衡合理配置教师、设备、图书、校舍等资源，努力提高办学水平和教育质量"，从而深入推进义务教育均衡发展，全面提高义务教育质量。在完成这一目标的过程中，西部地区作为教育资源相对落后的地区，其义务教育发展更是得到了全社会的关注。

3. 对西部义务教育现代化未来的期待

西部地域广阔，除四川盆地和关中平原外，大部分地区经济欠发达、有待进一步开发。提高教育质量可以为当地经济建设培养和提供人才，其中最根本、最基础的就是要提高义务教育质量。研究近年来西部地区义务教育现代化情况，可以了解西部地区义务教育发展的脉络和现状，认识西部地区义务教育的发展水平，从而寻求提升西部义务教育质量的方法，提出切实可行的建议。

（二）研究目的

本研究以国家统计局和教育部发布的 2010—2018 年统计数据作为分析资料，

通过对比西部地区与全国义务教育阶段的学校规模、师资建设、教育经费、基础设施和基尼系数五个维度的发展情况，从横、纵两个维度描述西部地区义务教育现代化发展的现状。长期以来，受地理和经济影响，西部地区义务教育现代化发展水平相对落后，自《国家中长期教育改革和发展规划纲要（2010—2020 年）》及《关于深入推进义务教育均衡发展的意见》颁布后，西部地区义务教育取得了长足进步。从纵向和横向看目前西部地区义务教育现代化发展水平究竟如何，未来发展的重点在何处，是本研究尝试解决的问题。

本文通过对比分析数据和建构义务教育现代化发展水平指标，了解西部地区义务教育现代化发展状态，探寻西部地区义务教育现代化的短板，总结经验，提出改进建议，为西部地区义务教育发展提供参考。

（三）研究设计

1. 研究内容

本研究报告总共分为四个部分。第一部分为前言，包括研究缘起、研究目的和研究设计，重点阐明研究的由来和研究的思路，即研究价值和研究可行性的问题。第二部分为 2010—2018 年西部地区义务教育现代化发展情况，通过对学校规模、师资建设、教育经费、基础设施和基尼系数五个方面的数据进行统计分析，从纵、横两个维度对比西部地区和全国，勾勒西部地区义务教育现代化发展情况。第三部分为义务教育现代化发展指标体系与西部地区义务教育现代化发展，通过指标体系的构建，将西部各省份的义务教育发展水平进行量化，并与全国平均水平进行对比分析，更直观地呈现西部各省份的义务教育发展情况，从而探寻发展中可能存在的问题和未来发展面临的挑战。第四部分为西部地区义务教育现代化发展建议，针对上述统计分析的结果，尝试提出教育政策建议。

2. 研究方法

（1）文献研究法

本研究收集并整理了近年来我国义务教育现代化发展尤其是西部地区义务教育现代化发展的相关文献，分析并总结其所选用的研究方法和研究结论，采用合适的数据分析方法，并对照其他研究所得结论，验证研究结果的可靠性。

（2）统计计量法

本研究通过整理 2010—2018 年西部地区及全国义务教育发展的数据，运用指标体系及指数测算的方法，将西部地区义务教育现代化程度进行量化，并进行对比分析，以期能更好地描述西部地区义务教育现代化发展情况。

二、2010—2018 年西部地区义务教育现代化发展情况

为清楚地把握西部地区义务教育现代化发展情况，必须对义务教育体系的各部分进行客观审视。本研究将 2010—2018 年西部 12 省份的教育统计数据与全国教育统计数据进行交叉对比，进行共时性和历时性分析，力图从不同角度考察和分析西部义务教育的现代化发展情况，展现西部义务教育现代化进程和趋势。

（一）全国及西部地区学校数量与学生数

1. 学校数量

（1）小学数量

2018 年，全国共有小学 161811 所，其中西部地区小学共 52840 所，约占全国小学总量的 32.66%，相比 2010 年，2018 年全国小学共减少 95599 所，西部地区小学共减少 34757 所，约占全国总减少数量的 36.36%。全国小学数量年均减幅约为 5.64%，西部地区小学数量年均减幅约为 6.12%。整体来看，无论是全国还是西部地区，小学数量都呈逐年减少的趋势。2014—2017 年，西部地区小学数量减幅超过全国小学数量减幅，2016 年西部地区小学数量减少最多，较 2015 年数量减少了 6652 所，减幅约为 10.05%。其中，年均减幅排在前三位的省份分别是青海、陕西和甘肃，年均减幅分别约为 10.60%、8.64% 和 8.31%（图 1、表 1）。

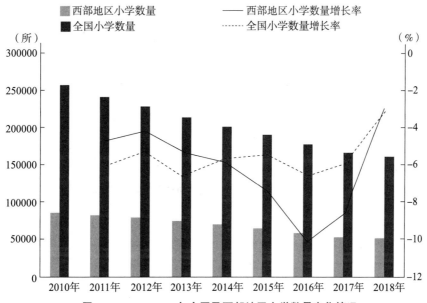

图 1　2010—2018 年全国及西部地区小学数量变化情况

表1　2010—2018 年全国及西部地区各省份小学数量变化情况

	2010 年（所）	2018 年（所）	差值（所）	年均减幅（%）
内蒙古	2767	1655	-1112	6.22
广西	13942	8054	-5888	6.63
重庆	5544	2893	-2651	7.81
四川	9282	5730	-3552	5.85
贵州	12422	6951	-5471	7.00
云南	14059	10900	-3159	3.13
西藏	872	809	-63	0.93
陕西	9710	4714	-4996	8.64
甘肃	11582	5785	-5797	8.31
青海	1792	731	-1061	10.60
宁夏	2027	1250	-777	5.86
新疆	3598	3368	-230	0.82
西部合计	87597	52840	-34757	6.12
全国总计	257410	161811	-95599	5.64

（2）初中数量变化情况

2018 年，全国共有初中 51982 所，其中西部地区共有初中 15308 所，约占全国初中总量的 29.45%。相比 2010 年，2018 年全国初中共减少 2841 所，西部地区初中共减少 1664 所，约占全国初中总减少数量的 58.57%。全国初中数量年均减幅约为 0.66%，西部地区初中数量年均减幅约为 1.28%。从 2012 年起，西部地区初中学校数量每年的减幅都大于全国平均水平；2018 年在全国初中数量较上年小幅增长 0.17% 的情况下，西部地区初中数量依然呈下降趋势，较上年减少 1.14%（图 2）。其中，除西藏外，其余各省初中数量均略有减少。其中，年均减幅排在前三位的省份分别是新疆、内蒙古和青海，年均减幅分别约为 2.66%、2.32% 和 2.14%（图 2、表 2）。

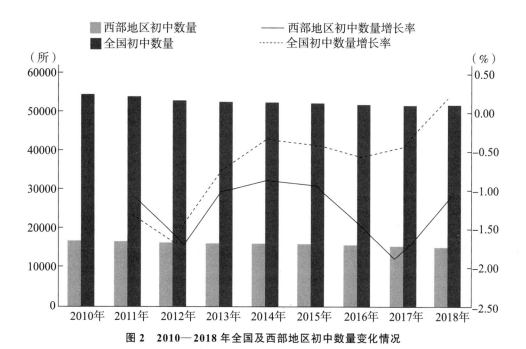

图2　2010—2018年全国及西部地区初中数量变化情况

表2　2010—2018年全国及西部地区各省份初中数量变化情况

	2010年（所）	2018年（所）	差值（所）	年均减幅（%）
内蒙古	834	691	−143	2.32
广西	1974	1743	−231	1.54
重庆	1005	866	−139	1.84
四川	3991	3716	−275	0.89
贵州	2148	2002	−146	0.88
云南	1732	1679	−53	0.39
西藏	93	99	6	−0.78
陕西	1867	1601	−266	1.90
甘肃	1586	1467	−119	0.97
青海	315	265	−50	2.14
宁夏	267	244	−23	1.12
新疆	1160	935	−225	2.66
西部合计	16972	15308	−1664	1.28
全国总计	54823	51982	−2841	0.66

（3）教学点变化情况

2018 年全国共有教学点 101398 个，其中西部地区有 38155 个，占比为 37.63%。2010 年全国共有教学点 66941 个，其中西部地区有 36560 个，占比为 54.62%。2010—2018 年，全国教学点数量年均增幅约为 5.33%，西部地区教学点数量年均增幅约为 0.54%，远低于全国年均增幅。具体来看，2013—2017 年，西部地区教学点数量逐年增加，2018 年下降。2015—2017 年，西部地区教学点增幅超过全国教学点增幅，并在 2016 年达到峰值，较 2015 年增长 8.74%。其中，年均增幅前三位的省份分别为青海、陕西和宁夏，其年均增幅分别约为 31.51%、11.63% 和 10.17%。年均减幅排在前三位的省份分别为西藏、云南和四川，其年均减幅分别约为 16.41%、9.00% 和 1.45%（图 3、表 3）。

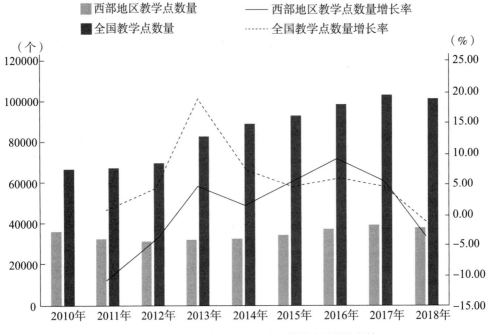

图 3　2010—2018 年全国及西部地区教学点数量变化情况

表 3　2010—2018 年全国及西部地区各省份教学点数量变化情况

	2010（个）	2018（个）	差值（个）	年均增幅（%）
内蒙古	466	699	233	5.20
广西	9587	11334	1747	2.11

	2010（个）	2018（个）	差值（个）	年均增幅（%）
重庆	869	1445	576	6.56
四川	8820	7847	−973	−1.45
贵州	3648	3521	−127	−0.44
云南	7238	3403	−3835	−9.00
西藏	688	164	−524	−16.41
陕西	896	2160	1264	11.63
甘肃	3142	5251	2109	6.63
青海	95	850	755	31.51
宁夏	283	614	331	10.17
新疆	828	867	39	0.58
西部合计	36560	38155	1595	0.54
全国总计	66941	101398	34457	5.33

2. 在校生数

（1）小学在校生数

2018 年，全国小学在校生数达 103392541 人，其中西部地区小学在校生 29645273 人，约占全国小学在校生数的 28.67%。2010 年，全国小学在校生共有 99407043 人，其中西部地区小学在校生 30727519 人，占比约为 30.91%。2010—2018 年，全国小学在校生增加 3985498 人，年均增幅约为 0.49%；西部地区小学在校生数则减少 1082246 人，年均减幅约为 0.45%。具体而言，全国和西部地区小学在校生数从 2011 年至 2013 年逐年递减，2014 年至 2018 年逐年递增。其中，年均减幅排名前三位的省份分别为甘肃、贵州和云南，年均减幅分别约为 2.75%、1.90% 和 1.70%，年均增幅排在前三位的省份分别为新疆、广西和西藏，年均增幅分别约为 2.87%、1.30% 和 1.08%（图 4、表 4）。

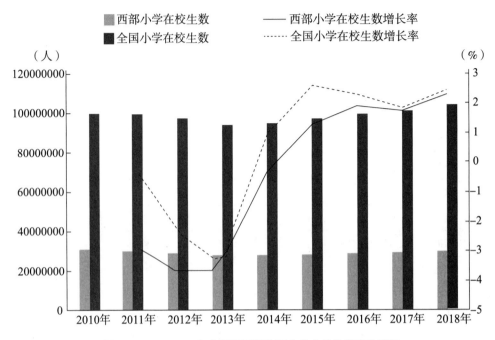

图 4　2010—2018 年全国及西部地区小学在校生数变化情况

表 4　2010—2018 年全国及西部地区各省份小学在校生数变化情况

	2010 年（人）	2018 年（人）	差值（人）	年均减幅（%）
内蒙古	1430751	1341863	-88888	0.80
广西	4300598	4767771	467173	-1.30
重庆	1999407	2095361	95954	-0.59
四川	5921080	5554589	-366491	0.80
贵州	4334971	3717297	-617674	1.90
云南	4352084	3795120	-556964	1.70
西藏	299408	326334	26926	-1.08
陕西	2610355	2656120	45765	-0.22
甘肃	2370406	1896471	-473935	2.75
青海	518992	486026	-32966	0.82
宁夏	653669	581495	-72174	1.45
新疆	1935798	2426826	491028	-2.87

	2010 年（人）	2018 年（人）	差值（人）	年均减幅（%）
西部合计	30727519	29645273	−1082246	0.45
全国总计	99407043	103392541	3985498	−0.49

（2）初中在校生数

2018 年，全国初中在校生 46525854 人，其中西部地区初中在校生 13619313 人，约占全国的 29.27%。2010 年全国初中在校生 52759127 人，其中西部地区初中在校生 16444806 人，约占全国的 31.17%。2010—2018 年，全国初中在校生减少 6233273 人，年均减幅约为 1.56%，西部地区初中在校生减少 2825493 人，年均减幅约为 2.33%。其中，西部地区除广西和青海外，其他省份普通初中在校生数均有所减少。年均减幅排在前三位的省份分别为甘肃、陕西和四川，年均减幅分别约为 5.64%、5.05% 和 3.35%（图 5、表 5）。

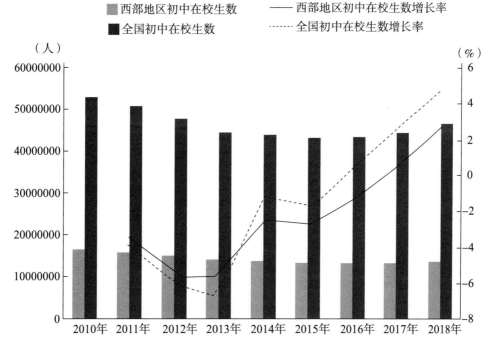

图 5 2010—2018 年全国及西部地区初中在校生数变化情况

表5　2010—2018 年全国及西部地区各省份初中在校生数变化情况

	2010 年（人）	2018 年（人）	差值（人）	年均减幅（%）
内蒙古	814686	636615	−178071	3.04
广西	2003911	2126353	122442	−0.74
重庆	1281724	1045616	−236108	2.51
四川	3438646	2618120	−820526	3.35
贵州	2136599	1808436	−328163	2.06
云南	2073500	1861533	−211967	1.34
西藏	138992	129405	−9587	0.89
陕西	1643225	1085454	−557771	5.05
甘肃	1384027	870014	−514013	5.64
青海	219463	222833	3370	−0.19
宁夏	306755	290451	−16304	0.68
新疆	1003278	924483	−78795	1.02
西部合计	16444806	13619313	−2825493	2.33
全国总计	52759127	46525854	−6233273	1.56

3. 招生数

（1）小学招生数

2018 年全国小学招生 18672970 人，其中西部地区小学招生 5306150 人，约占全国的 28.42%。2010 年全国小学招生 16917007 人，其中西部地区小学招生 4899256 人，约占全国的 28.96%。2010—2018 年，全国小学招生年均增幅约为 1.24%，西部地区小学招生年均增幅约为 1.00%。西部地区除甘肃、宁夏、四川和云南招生人数减少外，其余省份均有所增加，其中年均增幅排在前三位的省份分别是新疆、陕西和西藏，年均增幅分别约为 5.22%、2.90% 和 2.07%，且新疆、陕西、西藏、广西、青海年均增幅高于全国和西部地区年均增幅（图6、表6）。

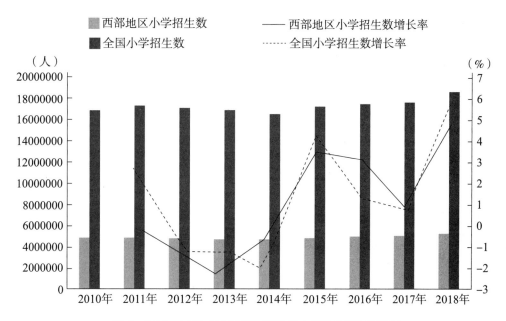

图6 2010—2018年全国及西部地区小学招生数变化情况

表6 2010—2018年全国及西部地区各省份小学招生数变化情况

	2010年（人）	2018年（人）	差值（人）	年均增幅（%）
内蒙古	221764	235740	13976	0.77
广西	741123	859697	118574	1.87
重庆	329739	341190	11451	0.43
四川	964894	952217	−12677	−0.17
贵州	656919	675210	18291	0.34
云南	669300	664394	−4906	−0.09
西藏	50747	59777	9030	2.07
陕西	408618	513552	104934	2.90
甘肃	361331	344889	−16442	−0.58
青海	81464	90992	9528	1.39
宁夏	101496	99979	−1517	−0.19
新疆	311861	468513	156652	5.22
西部合计	4899256	5306150	406894	1.00
全国总计	16917007	18672970	1755963	1.24

（2）初中招生数

2018 年全国初中招生数为 16025931 人，其中西部地区初中招生数为 4691796 人，约占全国的 29.28%。2010 年全国初中招生数为 17154930 人，其中西部地区初中招生数为 5481334 人，约占全国的 31.95%。2010—2018 年，全国初中招生数年均减幅约为 0.85%，西部地区初中招生数年均减幅约为 1.93%。全国初中招生数从 2011 年至 2015 年逐年递减，2016 年至 2018 年逐年递增，且增幅逐年减小。其中西部地区 2012 年初中招生数减幅最大，达到 4.95%，2016 年至 2018 年稳步增长，且增幅逐年变大。西部各省份年均减幅排在前三位的省份分别为甘肃、陕西和内蒙古，年均减幅分别约为 5.18%、3.35% 和 2.73%（图 7、表 7）。

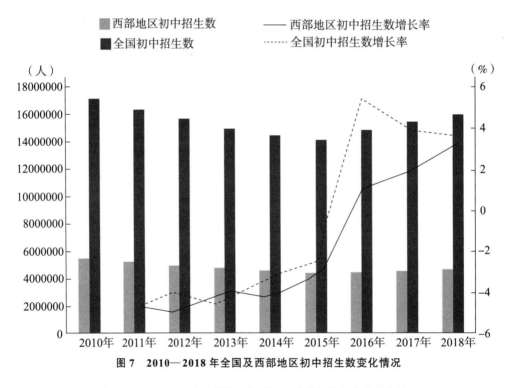

图 7　2010—2018 年全国及西部地区初中招生数变化情况

表 7　2010—2018 年全国及西部地区各省份初中招生数变化情况

	2010 年（人）	2018 年（人）	差值（人）	年均减幅（%）
内蒙古	270361	216570	-53791	2.73
广西	701548	737510	35962	-0.63
重庆	408525	368892	-39633	1.27
四川	1116229	923732	-192497	2.34

续表

	2010 年（人）	2018 年（人）	差值（人）	年均减幅（%）
贵州	764740	615151	−149589	2.68
云南	706567	612524	−94043	1.77
西藏	47361	46306	−1055	0.28
陕西	493463	375779	−117684	3.35
甘肃	453780	296588	−157192	5.18
青海	78875	76512	−2363	0.38
宁夏	103767	100596	−3171	0.39
新疆	336118	321636	−14482	0.55
西部合计	5481334	4691796	−789538	1.93
全国总计	17154930	16025931	−1128999	0.85

4. 毕业生数

（1）小学毕业生数

2018 年全国小学毕业生数为 16164927 人，其中西部地区小学毕业生数为 4674781 人，约占全国的 28.92%。2010 年全国小学毕业生数为 17396364 人，其中西部地区小学毕业生数为 5592175 人，约占全国的 32.15%。2010—2018 年，全国小学毕业生数年均减幅约为 0.91%，西部地区小学毕业生数年均减幅约为 2.21%。无论全国还是西部地区，小学毕业生数从 2011 年至 2015 年都逐年递减，2016 年至 2018 年则逐年递增。除 2014 年外，西部地区小学毕业生数 2011—2015 年的降幅高于全国水平，2016—2018 年的增幅低于全国水平。西部地区除广西外，其余省份小学毕业生数均有减少，其中年均减幅排在前三位的省份为甘肃、陕西和贵州，年均减幅分别约为 5.53%、3.64% 和 3.40%（图 8、表 8）。

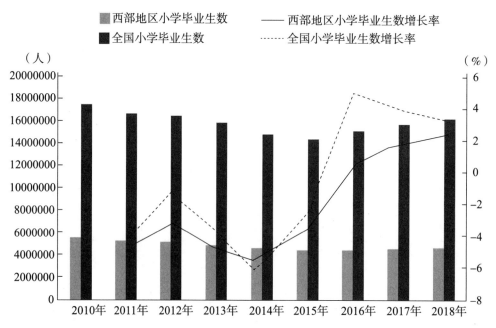

图 8　2010—2018 年全国及西部地区小学毕业生数变化情况

表 8　2010—2018 年全国及西部地区各省份小学毕业生数变化情况

	2010 年（人）	2018 年（人）	差值（人）	年均减幅（%）
内蒙古	269753	217005	−52748	2.68
广西	718164	730996	12832	−0.22
重庆	398349	357142	−41207	1.36
四川	1113444	919381	−194063	2.37
贵州	798173	605043	−193130	3.40
云南	736946	619175	−117771	2.15
西藏	50642	48929	−1713	0.43
陕西	505889	375999	−129890	3.64
甘肃	474328	300842	−173486	5.53
青海	82467	74705	−7762	1.23
宁夏	109658	101825	−7833	0.92
新疆	334362	323739	−10623	0.40
西部合计	5592175	4674781	−917394	2.21
全国总计	17396364	16164927	−1231437	0.91

（2）初中毕业生数

2018 年全国初中毕业生数为 13677686 人，其中西部地区初中毕业生数为 4286122 人，约占全国的 31.34%。2010 年全国初中毕业生数为 17485714 人，其中西部地区初中毕业生数为 5343866 人，约占全国的 30.56%。2010—2018 年，全国初中毕业生数年均减幅约为 3.02%，西部地区初中毕业生数年均减幅约为 2.72%。西部地区 2014 年减幅最大，较 2013 年减少约 7.21%。西部地区除宁夏、青海和广西外，其余省份初中毕业数均有所减少。其中年均减幅排在前三位的省份是陕西、甘肃和四川，年均减幅分别约为 7.49%、5.74% 和 4.58%（图 9、表 9）。

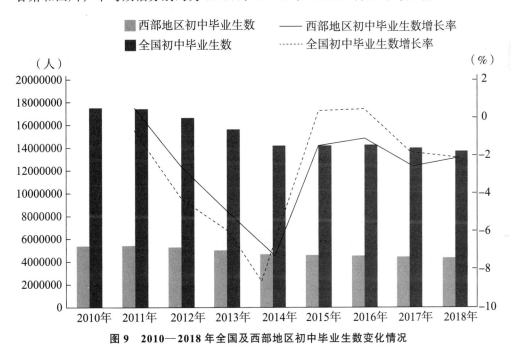

图 9 2010—2018 年全国及西部地区初中毕业生数变化情况

表 9 2010—2018 年全国及西部地区各省份初中毕业生数变化情况

	2010 年（人）	2018 年（人）	差值（人）	年均减幅（%）
内蒙古	268978	195725	−73253	3.90
广西	626644	639584	12940	−0.26
重庆	416604	311410	−105194	3.57
四川	1137612	782139	−355473	4.58
贵州	635811	628476	−7335	0.14
云南	641624	613940	−27684	0.55

	2010 年（人）	2018 年（人）	差值（人）	年均减幅（%）
西藏	46093	41795	-4298	1.22
陕西	627356	336482	-290874	7.49
甘肃	454586	283211	-171375	5.74
青海	66211	67663	1452	-0.27
宁夏	84837	88856	4019	-0.58
新疆	337510	296841	-40669	1.59
西部合计	5343866	4286122	-1057744	2.72
全国总计	17485714	13677686	-3808028	3.02

（二）师资变化情况

1. 专任教师数

（1）小学专任教师数

2018 年全国共有小学专任教师 6091908 人，其中西部地区有小学专任教师 1801498 人，约占全国小学专任教师总量的 29.57%；2010 年全国共有小学专任教师 5617091 人，其中西部地区有小学专任教师 1719220 人，约占全国小学专任教师总量的 30.61%。2010—2018 年，全国和西部地区的小学专任教师分别增加了 474817 人和 82278 人，年均增幅分别约为 1.02% 和 0.59%。无论全国还是西部地区，小学专任教师数在总体上呈现出先减少再增加的趋势，全国的变化节点在 2014 年，西部地区则滞后一年。西部地区除内蒙古、陕西和云南外，其他省份小学专任教师数均有所增加，其中年均增幅排在前三位的省份为西藏、新疆和广西，年均增幅分别约为 2.17%、2.13% 和 1.99%（图 10、表 10）。

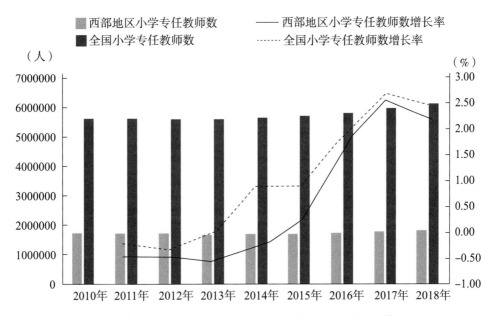

图 10 2010—2018 年全国及西部地区小学专任教师数变化情况

表 10 2010—2018 年全国及西部地区各省份小学专任教师数变化情况

	2010 年（人）	2018 年（人）	差值（人）	年均增幅（%）
内蒙古	113564	100652	−12912	−1.50
广西	220183	257750	37567	1.99
重庆	116057	126513	10456	1.08
四川	305741	329927	24186	0.96
贵州	197913	207839	9926	0.61
云南	237537	228365	−9172	−0.49
西藏	18901	22446	3545	2.17
陕西	175184	164159	−11025	−0.81
甘肃	140381	143260	2879	0.25
青海	26584	27483	899	0.42
宁夏	33212	34487	1275	0.47
新疆	133963	158617	24654	2.13
西部合计	1719220	1801498	82278	0.59
全国总计	5617091	6091908	474817	1.02

（2）初中专任教师数

2018 年，全国共有初中专任教师 3638999 人，其中西部地区共有初中专任教师 1051050 人，约占全国初中专任教师总量的 28.88%。 2010 年，全国共有初中专任教师 3523382 人，其中西部地区共有初中专任教师 1018974 人，约占全国初中专任教师总量的 28.92%。2010—2018 年，全国和西部地区的初中专任教师分别增加了 115617 人和 32076 人，年均增幅分别约为 0.40% 和 0.39%。全国和西部地区变化曲线基本一致，2016 年之前呈波动状态，2016 年后持续增长，西部地区增长率低于全国平均水平。西部地区除陕西、内蒙古和甘肃外，其他省份初中专任教师人数均有所增加，其中年均增幅排在前三位的省份是西藏、贵州和广西，分别约为 2.45%、2.00% 和 1.84%（图 11、表 11）。

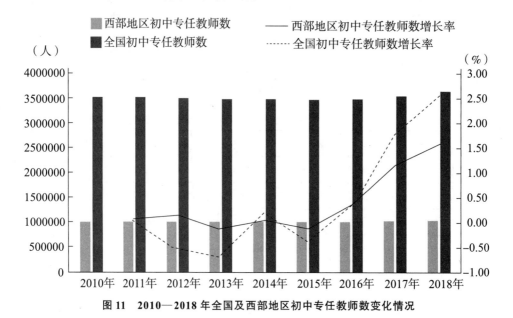

图 11 2010—2018 年全国及西部地区初中专任教师数变化情况

表 11 2010—2018 年全国及西部地区各省份初中专任教师数变化情况

	2010 年（人）	2018 年（人）	差值（人）	年均增幅（%）
内蒙古	63983	58263	−5720	−1.16
广西	118720	137395	18675	1.84
重庆	77089	77861	772	0.12
四川	204644	204939	295	0.02
贵州	109436	128242	18806	2.00
云南	119818	132323	12505	1.25

	2010 年（人）	2018 年（人）	差值（人）	年均增幅（%）
西藏	8873	10772	1899	2.45
陕西	116532	98478	−18054	−2.08
甘肃	83172	79952	−3220	−0.49
青海	14325	16362	2037	1.68
宁夏	18623	20473	1850	1.19
新疆	83759	85990	2231	0.33
西部合计	1018974	1051050	32076	0.39
全国总计	3523382	3638999	115617	0.40

2.专任教师合格率

依据《中华人民共和国教师法》中的相关规定，结合我国教师队伍建设情况和教育发展实际，本研究将中小学教师学历合格水平设定为：小学教师取得专科及以上学历，初中教师取得本科及以上学历。2010—2018 年的专任教师合格率全部依此计算。

（1）小学专任教师学历合格数及合格率

2018 年，全国小学专任教师中取得专科及以上学历的共有 5878227 人，学历合格率约为 96.49%。西部地区小学专任教师取得专科及以上学历的共有 1726171 人，学历合格率约为 95.82%。2010 年，全国小学专任教师中取得专科及以上学历的共 4397425 人，学历合格率约为 78.29%。西部地区小学专任教师取得专科及以上学历的共有 1331647 人，学历合格率约为 77.46%。2010—2018 年，全国小学专任教师学历合格数增加 1480802 人，年均增幅约为 3.69%。西部地区小学专任教师学历合格数增加 394524 人，年均增幅约为 3.30%。无论从全国范围还是西部地区来看，小学专任教师学历合格数和合格率都呈逐年递增的趋势，西部地区学历合格人数年均增幅和合格率都略低于全国水平。西部地区小学专任教师学历合格数年均增幅排在前三位的省份是广西（5.08%）、新疆（4.36%）和西藏（4.34%）（图 12、表 12）。

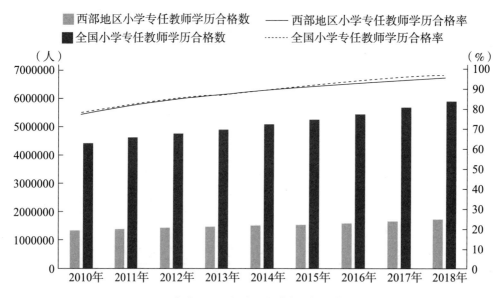

图 12　2010—2018 年全国及西部地区小学专任教师学历合格数及合格率

表 12　2010—2018 年全国及西部地区各省份小学专任教师学历合格数变化情况

	2010 年（人）	2018 年（人）	差值（人）	年均增幅（%）
内蒙古	96975	99145	2170	0.28
广西	162379	241339	78960	5.08
重庆	94833	123907	29074	3.40
四川	236260	319056	82796	3.83
贵州	145459	196917	51458	3.86
云南	181387	214701	33314	2.13
西藏	15722	22079	6357	4.34
陕西	141769	162091	20322	1.69
甘肃	100020	134262	34242	3.75
青海	22990	26604	3614	1.84
宁夏	25408	33464	8056	3.50
新疆	108445	152606	44161	4.36
西部合计	1331647	1726171	394524	3.30
全国总计	4397425	5878227	1480802	3.69

（2）初中专任教师学历合格数及合格率

2018年，全国初中专任教师中取得本科及以上学历的共有3137592人，学历合格率约为86.22%。西部地区初中专任教师取得本科及以上学历的共有893949人，学历合格率约为85.05%。2010年，全国初中专任教师中取得本科及以上学历的共2256773人，学历合格率约为64.05%。西部地区初中专任教师取得本科及以上学历的共有636487人，学历合格率约为62.46%。2010—2018年，全国初中专任教师学历合格数增加880819人，年均增幅约为4.21%。西部地区初中专任教师学历合格数增加257462人，年均增幅约为4.34%。无论是西部地区还是全国，初中专任教师学历合格数和合格率都呈逐年递增的趋势，西部地区学历合格数年均增幅略高于全国年均增幅，但合格率仍略低于全国平均水平。西部地区初中专任教师学历合格数年均增幅排在前三位的省份是贵州（7.88%）、广西（5.49%）和青海（5.35%）（图13、表13）。

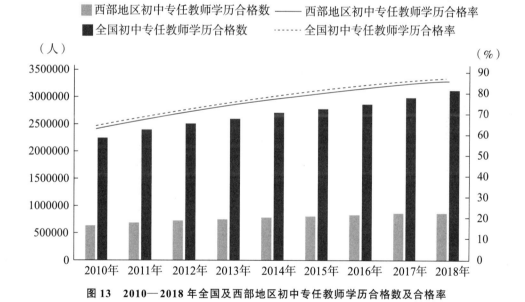

图13　2010—2018年全国及西部地区初中专任教师学历合格数及合格率

表13　2010—2018年全国及西部地区各省份初中专任教师学历合格数变化情况

	2010年（人）	2018年（人）	差值（人）	年均增幅（%）
内蒙古	44737	52414	7677	2.00
广西	73490	112665	39175	5.49
重庆	56399	71393	14994	2.99
四川	121813	164668	42855	3.84

续表

	2010 年（人）	2018 年（人）	差值（人）	年均增幅（%）
贵州	58218	106831	48613	7.88
云南	79313	115246	35933	4.78
西藏	6724	9718	2994	4.71
陕西	75284	90305	15021	2.30
甘肃	48575	67958	19383	4.29
青海	9166	13912	4746	5.35
宁夏	14735	18969	4234	3.21
新疆	48033	69870	21837	4.80
西部合计	636487	893949	257462	4.34
全国总计	2256773	3137592	880819	4.21

（三）经费投入情况

1. 生均一般公共预算教育事业费支出

（1）小学生均一般公共预算教育事业费支出

2018 年，全国小学生均一般公共预算教育事业费支出 10566.29 元，西部地区小学生均一般公共预算教育事业费支出 10715.36 元。2010 年，全国小学生均一般公共预算教育事业费支出 4012.51 元，西部地区小学生均一般公共预算教育事业费支出 3793.72 元。2010—2018 年，全国小学生均一般公共预算教育事业费支出年均增幅约为 12.87%，西部地区小学生均一般公共预算教育事业费支出年均增幅约为 13.86%。

可以看出，全国范围内小学生均一般公共预算教育事业费支出持续增长，且西部地区小学生均一般公共预算事业费支出整体上高于全国平均水平，但西部省份之间的差异较大。2010—2018 年，西部地区中西藏小学生均一般公共预算教育事业费支出增长额度最大，2018 年达到 26597.82 元，比 2010 年增加了 18433.50 元。广西小学生均一般公共预算教育事业费支出增长额度最小，2018 年达到 8013.28 元，比 2010 年增加了 4657.71 元。二者 2018 年生均一般公共预算教育事业费支出差额达 18584.54 元。2018 年，贵州（10156.04 元）、四川（9982.63 元）、宁夏（9877.09 元）和广西（8013.28 元）小学生均一般公共预算教育事业费支出低于全国平均水平（10566.29 元）。按年均增幅算，排在前三位的省份是贵州、云南和甘肃，生均一般公共预算教育事业费支出年均增幅分别约为 17.69%、16.92% 和 16.27%。低于

全国年均增幅水平的省份有宁夏（12.61%）、陕西（11.56%）、广西（11.50%）、新
疆（9.25%）和内蒙古（8.86%）（图14、表14）。

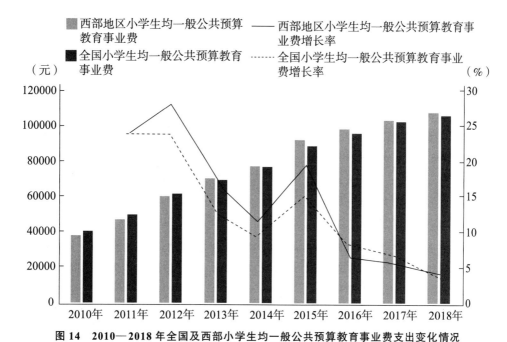

图14　2010—2018年全国及西部小学生均一般公共预算教育事业费支出变化情况

表14　2010—2018年全国及西部地区各省份小学生均一般公共预算教育事业费支出变化情况

	2010年（元）	2018年（元）	差值（元）	年均增幅（%）
内蒙古	6691.86	13198.42	6506.56	8.86
广西	3355.57	8013.28	4657.71	11.50
重庆	3633.96	11380.09	7746.13	15.34
四川	3372.56	9982.63	6610.07	14.53
贵州	2758.61	10156.04	7397.43	17.69
云南	3286.24	11479.07	8192.83	16.92
西藏	8164.32	26597.82	18433.50	15.91
陕西	4723.88	11329.68	6605.80	11.56
甘肃	3306.41	11040.49	7734.08	16.27
青海	5011.76	13929.32	8917.56	13.63
宁夏	3819.14	9877.09	6057.95	12.61
新疆	5868.61	11911.58	6042.97	9.25

续表

	2010 年（元）	2018 年（元）	差值（元）	年均增幅（%）
西部平均	3793.72	10715.36	6921.64	13.86
全国平均	4012.51	10566.29	6553.78	12.87

（2）初中生均一般公共预算教育事业费支出

2018 年，全国初中生均一般公共预算教育事业费支出 15199.11 元，西部地区初中生均一般公共预算教育事业费支出 13918.83 元。2010 年，全国初中生均一般公共预算教育事业费支出 5213.91 元，西部地区初中生均一般公共预算教育事业费支出 4677.22 元。2010—2018 年，全国初中生均一般公共预算教育事业费支出年均增幅约为 14.31%，西部地区初中生均一般公共预算教育事业费支出年均增幅约为 14.60%。

由图 15 可以看出，全国初中生均一般公共预算教育事业费支出持续增长，其增长幅度呈现波动态势。西部省份初中生均一般公共预算教育事业费支出的差异较大。2010—2018 年，西藏初中生均一般公共预算教育事业费支出增加最多，2018 年达 28525.15 元，比 2010 年增加了 21282.34 元。2018 年云南（13782.05 元）、四川（13762.47 元）、宁夏（13313.32 元）、甘肃（13051.63 元）、贵州（12241.82 元）和广西（10423.78 元）等地初中生均一般公共预算教育事业费支出低于全国平均水平（15199.11 元）。从年均增幅来看，西部地区排在前三位的省份是西藏（18.69%）、贵州（18.24%）和重庆（17.29%）（图 15、表 15）。

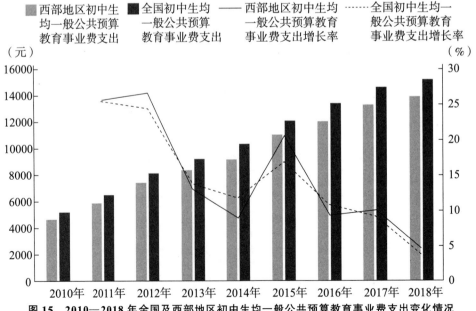

图 15　2010—2018 年全国及西部地区初中生均一般公共预算教育事业费支出变化情况

表 15 2010—2018 年全国及西部地区各省份初中生均一般公共预算教育事业费支出变化情况

	2010 年（元）	2018 年（元）	差值（元）	年均增幅（%）
内蒙古	7684.29	16468.98	8784.69	10.00
广西	4299.73	10423.78	6124.05	11.71
重庆	4297.92	15389.89	11091.97	17.29
四川	4076.96	13762.47	9685.51	16.42
贵州	3204.20	12241.82	9037.62	18.24
云南	4349.07	13782.05	9432.98	15.51
西藏	7242.81	28525.15	21282.34	18.69
陕西	5256.90	15732.04	10475.14	14.69
甘肃	4129.87	13051.63	8921.76	15.47
青海	7423.16	17881.64	10458.48	11.62
宁夏	6009.40	13313.32	7303.92	10.45
新疆	7788.66	18414.19	10625.53	11.36
西部平均	4677.22	13918.83	9241.61	14.60
全国平均	5213.91	15199.11	9985.20	14.31

2. 生均一般公共预算公用经费支出

（1）小学生均一般公共预算公用经费支出

2018 年，全国小学生均一般公共预算公用经费支出 2794.58 元，西部地区小学生均一般公共预算公用经费支出 2765.84 元。2010 年，全国小学生均一般公共预算公用经费支出 929.89 元，西部地区小学生均一般公共预算公用经费支出 892.05 元。2010—2018 年，全国小学生均一般公共预算公用经费支出年均增幅约为 14.75%，西部地区小学生均一般公共预算公用经费支出年均增幅约为 15.19%。

可以看出，全国范围内小学生均一般公共预算公用经费支出逐年增多，并从 2013 年起进入稳步增长期。西部各省份小学生均一般公共预算公用经费支出差异较大。2010—2018 年，西部地区中西藏小学生均一般公共预算公用经费支出增长最多，2018 年达 8012.37 元，较 2010 年上涨了 5934.42 元。2018 年，四川（2778.17 元）、甘肃（2576.83 元）、广西（2481.79 元）、新疆（2313.49 元）、云南（2282.65 元）和贵州（2180.27 元）小学生均一般公共预算公用经费支出低于全国平均水平（2794.58 元）。从年均增幅来看，西部地区排在前三位的省份是西藏（18.38%）、贵州（18.02%）和广西（17.78%）。青海（7.01%）、新疆（9.18%）、内蒙古（9.24%）、宁夏（12.45%）、重庆（13.34%）和云南（13.96%）年均增幅低于全国平均水平（14.75%）（图 16、表 16）。新疆、云南小学生均一般公共预算公用经费支出增长相对较慢。贵州和广西虽然增长较快，但由于本身基数较低，生均一般公共预算公用经费支出在全国仍处于较低水平。

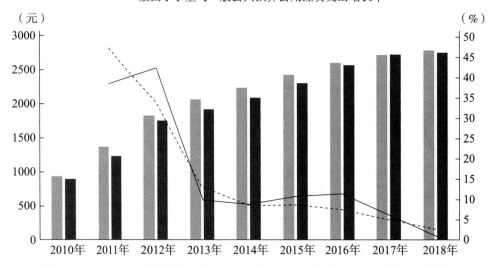

图 16　2010—2018 年全国及西部地区小学生均一般公共预算公用经费支出变化情况

表 16　2010—2018 年全国及西部地区各省份小学生均一般公共预算公用经费支出变化情况

	2010 年（元）	2018 年（元）	差值（元）	年均增幅（%）
内蒙古	1560.76	3164.63	1603.87	9.24
广西	670.36	2481.79	1811.43	17.78
重庆	1166.45	3175.72	2009.27	13.34
四川	770.81	2778.17	2007.36	17.38
贵州	579.26	2180.27	1601.01	18.02
云南	802.56	2282.65	1480.09	13.96
西藏	2077.95	8012.37	5934.42	18.38
陕西	1071.28	3937.98	2866.70	17.67

续表

	2010 年（元）	2018 年（元）	差值（元）	年均增幅（%）
甘肃	820.64	2576.83	1756.19	15.38
青海	1850.49	3181.28	1330.79	7.01
宁夏	1304.51	3335.59	2031.08	12.45
新疆	1145.49	2313.49	1168.00	9.18
西部平均	892.05	2765.84	1873.79	15.19
全国平均	929.89	2794.58	1864.69	14.75

（2）初中生均一般公共预算公用经费支出

2018 年，全国初中生均一般公共预算公用经费支出 3907.82 元，西部地区初中生均一般公共预算公用经费支出 3511.02 元。2010 年，全国初中生均一般公共预算公用经费支出 1414.33 元，西部地区初中生均一般公共预算公用经费支出 1358.75 元。2010—2018 年，全国初中生均一般公共预算公用经费支出年均增幅约为 13.55%，西部地区初中生均一般公共预算公用经费支出年均增幅约为 12.60%。

可以看出，全国范围内初中生均一般公共预算公用经费支出逐年增多，西部地区除 2014 年和 2018 年初中生均一般公共预算公用经费支出较上一年有所减少外，其余年份发展态势与全国基本保持一致。西部地区初中生均一般公共预算公用经费支出略低于全国平均水平。2010—2018 年，西部地区中西藏初中生均一般公共预算公用经费支出增量最大，2018 年达 7210.51 元，较 2010 年增加了 5778.60 元。2018 年，四川（3465.34 元）、广西（3204.64 元）、云南（2887.97 元）、甘肃（2814.50 元）和贵州（2707.25 元）初中生均一般公共预算公用经费支出水平低于全国平均水平（3907.82 元）。按年均增幅来看，西藏（22.39%）、四川（16.32%）、贵州（15.97%）、陕西（15.02%）、广西（13.95%）等 5 省份高于全国平均水平（13.55%）（图 17、表 17）。

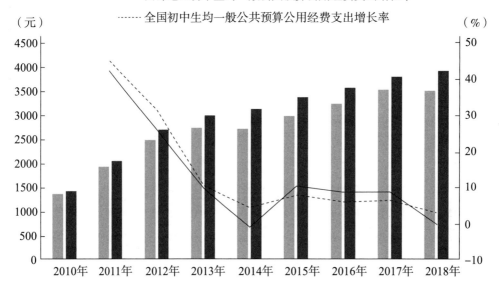

■ 西部地区初中生均一般公共预算公用经费支出
■ 全国初中生均一般公共预算公用经费支出
—— 西部地区初中生均一般公共预算公用经费支出增长率
...... 全国初中生均一般公共预算公用经费支出增长率

图 17　2010—2018 年全国及西部地区初中生均一般公共预算公用经费支出变化情况

表 17　2010—2018 年全国及西部地区各省份初中生均一般公共预算公用经费支出变化情况

	2010 年（元）	2018 年（元）	差值（元）	年均增幅（%）
内蒙古	2209.10	4137.40	1928.30	8.16
广西	1127.29	3204.64	2077.35	13.95
重庆	1566.86	4112.83	2545.97	12.82
四川	1033.77	3465.34	2431.57	16.32
贵州	827.24	2707.25	1880.01	15.97
云南	1162.33	2887.97	1725.64	12.05
西藏	1431.91	7210.51	5778.60	22.39
陕西	1516.97	4646.86	3129.89	15.02
甘肃	1292.78	2814.50	1521.72	10.21
青海	3447.57	3970.72	523.15	1.78
宁夏	2777.83	4584.84	1807.01	6.46
新疆	2447.24	4415.76	1968.52	7.66
西部平均	1358.75	3511.02	2152.27	12.60
全国平均	1414.33	3907.82	2493.49	13.55

（四）基础设施建设

1. 生均校舍建筑面积

（1）小学生均校舍建筑面积

2018年全国小学生均校舍建筑面积约为7.59m²，西部地区小学生均校舍建筑面积约为8.16m²。与2010年相比分别增加了约1.69m²和2.41m²。2010—2018年，除2011年外，全国小学生均校舍建筑面积呈逐年递增状态，2012年起西部地区小学生均校舍建筑面积增幅高于全国平均水平。其中，2018年小学生均校舍建筑面积排在前三位的省份依次是西藏（14.94m²）、内蒙古（9.81m²）和重庆（9.48m²），除四川（6.94m²）、新疆（6.83m²）外，其余各省份小学生均校舍建筑面积均高于全国平均水平。按小学生均校舍建筑面积年均增幅计算，排在前三位的省份是贵州（8.34%）、西藏（8.14%）和青海（7.18%），陕西（1.98%）和重庆（1.99%）则低于全国平均水平（3.20%）（图18、表18）。

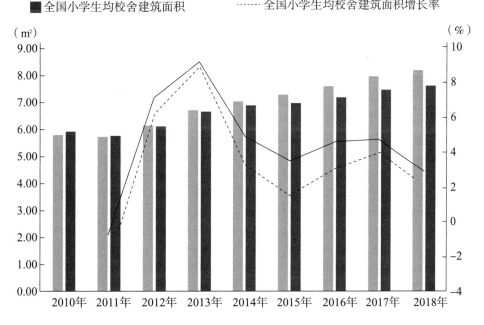

图18　2010—2018年全国及西部地区小学生均校舍建筑面积变化情况

表18　2010—2018年全国及西部各省份小学生均校舍建筑面积变化情况

	2010年（m²）	2018年（m²）	差值（m²）	年均增幅（%）
内蒙古	6.55	9.81	3.26	5.18
广西	6.51	8.39	1.88	3.22
重庆	8.10	9.48	1.38	1.99
四川	5.32	6.94	1.62	3.38
贵州	4.04	7.67	3.63	8.34
云南	5.88	9.36	3.48	5.98
西藏	7.99	14.94	6.95	8.14
陕西	6.61	7.73	1.12	1.98
甘肃	5.57	8.03	2.46	4.68
青海	5.27	9.18	3.91	7.18
宁夏	4.79	8.19	3.40	6.93
新疆	5.05	6.83	1.78	3.85
西部平均	5.75	8.16	2.41	4.47
全国平均	5.90	7.59	1.69	3.20

（2）初中生均校舍建筑面积

2018年全国初中生均校舍建设面积约为13.83m²，西部地区初中生均校舍建设面积约为13.26m²，与2010年相比分别增加了约5.62m²和6.21m²。除2016年外，全国初中生均校舍建筑面积呈逐年递增状态，西部地区始终处于增长状态。除2016年外，西部地区初中生均校舍建设面积始终低于全国平均水平。2018年，初中生均校舍建筑面积排在前三位的省份依次是西藏（18.20m²）、青海（16.03m²）和内蒙古（15.73m²），高于全国平均水平，新疆、陕西、四川初中生均校舍建筑面积也高于全国平均水平，其余省份则低于全国平均水平。按初中生均校舍建筑面积年均增幅计算，排在前三位的省份是甘肃（12.66%）、贵州（11.87%）和青海（11.19%）；宁夏（6.49%）、西藏（4.71%）和广西（4.08%）低于全国平均水平（6.74%）（图19、表19）。

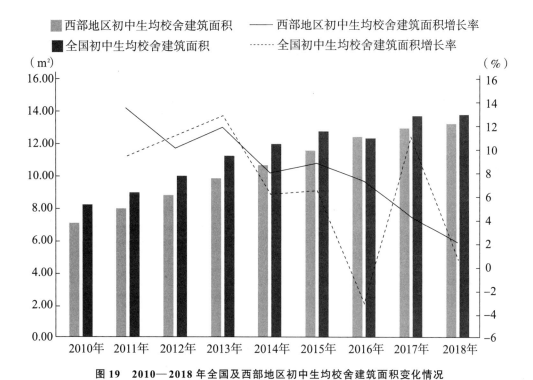

图 19　2010—2018 年全国及西部地区初中生均校舍建筑面积变化情况

表 19　2010—2018 年全国及西部地区各省份初中生均校舍建筑面积变化情况

	2010 年（m²）	2018 年（m²）	差值（m²）	年均增幅（%）
内蒙古	8.60	15.73	7.13	7.84
广西	8.68	11.95	3.27	4.08
重庆	7.07	12.17	5.10	7.02
四川	7.31	13.87	6.56	8.34
贵州	5.25	12.88	7.63	11.87
云南	6.78	11.69	4.91	7.05
西藏	12.59	18.20	5.61	4.71
陕西	7.49	14.01	6.52	8.14
甘肃	5.32	13.81	8.49	12.66
青海	6.86	16.03	9.17	11.19
宁夏	7.43	12.29	4.86	6.49
新疆	6.77	15.56	8.79	10.96

	2010 年（m²）	2018 年（m²）	差值（m²）	年均增幅（%）
西部平均	7.05	13.26	6.21	8.22
全国平均	8.21	13.83	5.62	6.74

2. 危房面积

（1）小学危房面积

2018 年，全国小学危房面积为 3321940.33m²，西部地区小学危房面积为 2393724.64m²，相较 2010 年分别减少了 79565013.67m² 和 40421807.36m²，全国和西部地区小学危房面积年均减幅分别达 33.11% 和 30.27%。西部地区小学危房面积年均减幅低于全国水平。2018 年，内蒙古、贵州、陕西和宁夏四地小学已无危房，危房面积排在前三位的省份是云南（982677.63m²）、甘肃（855797.75m²）、广西（394152.31m²），年均减幅最小的也是这三个省份（图 20、表 20）。

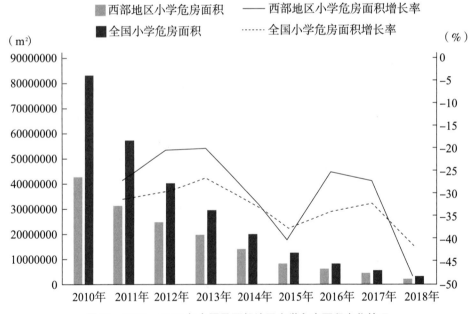

图 20 2010—2018 年全国及西部地区小学危房面积变化情况

表 20　2010—2018 年全国及西部地区各省份小学危房面积变化情况

	2010 年（m²）	2018 年（m²）	差值（m²）	年均减幅（%）
内蒙古	2759157.00	0.00	−2759157	100.00
广西	6519984.00	394152.31	−6125831.69	29.58
重庆	2229670.00	54872.03	−2174797.97	37.07
四川	5303428.00	91595.85	−5211832.15	39.79
贵州	120028.00	0.00	−120028.00	100.00
云南	14054736.00	982677.63	−13072058.37	28.29
西藏	83745.00	686.80	−83058.20	45.14
陕西	985515.00	0.00	−985515.00	100.00
甘肃	9460702.00	855797.75	−8604904.25	25.94
青海	899971.00	506.00	−899465.00	60.76
宁夏	131068.00	0.00	−131068.00	100.00
新疆	267528.00	13436.27	−254091.73	31.20
西部合计	42815532.00	2393724.64	−40421807.36	30.27
全国合计	82886954.00	3321940.33	−79565013.67	33.11

（2）初中危房面积

2018 年，全国初中危房面积为 2487790.61m²，西部地区初中危房面积为 1847635.24m²，相较 2010 年分别减少了 42248976.39m² 和 19665255.76m²，全国和西部地区初中危房面积年均减幅分别约为 30.31% 和 26.42%。西部地区初中危房面积年均减幅低于全国水平。2018 年，贵州、陕西、宁夏初中已无危房，初中危房面积排在前三位的省份是甘肃（761488.04m²）、云南（666532.99m²）和广西（295715.20m²），三省份年均减幅也低于西部平均水平。此外，西藏虽 2010 年时危房面积基数小，但 2018 年仍有 8827.70m² 危房，（图 21、表 21）。

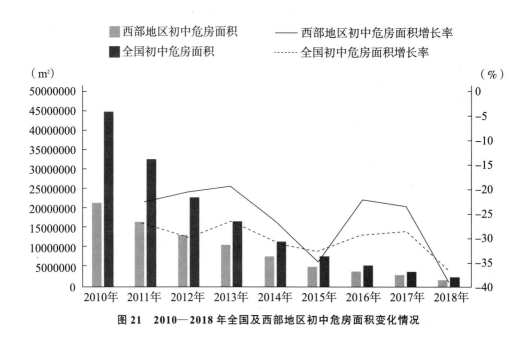

图 21　2010—2018 年全国及西部地区初中危房面积变化情况

表 21　2010—2018 年全国及西部地区各省份初中危房面积变化情况

	2010 年（m²）	2018 年（m²）	差值（m²）	年均减幅（%）
内蒙古	1724855.00	385.00	−1724470.00	65.04
广西	3328342.00	295715.20	−3032626.80	26.11
重庆	1179112.00	45903.39	−1133208.61	33.35
四川	3260091.00	68165.92	−3191925.08	38.33
贵州	45403.00	0.00	−45403.00	100.00
云南	6463068.00	666532.99	−5796535.01	24.72
西藏	8412.00	8827.70	415.70	−0.60
陕西	588169.00	0.00	−588169.00	100.00
甘肃	4459917.00	761488.04	−3698428.96	19.82
青海	297459.00	427.00	−297032.00	55.88
宁夏	39898.00	0.00	−39898.00	100.00
新疆	118165.00	190.00	−117975.00	55.25
西部合计	21512891.00	1847635.24	−19665255.76	26.42
全国总计	44736767.00	2487790.61	−42248976.39	30.31

3. 生均图书藏量

（1）小学生均图书藏量

2018 年，全国小学生均图书藏量约为 23.24 册，西部地区小学生均图书藏量约为 22.36 册。与 2010 年相比，全国和西部地区小学生均图书藏量分别增加了约 8.08 册和 9.90 册。西部地区小学生均图书藏量低于全国平均水平。2018 年，陕西（31.87 册）、广西（30.27 册）、云南（24.74 册）、青海（24.29 册）和贵州（23.46 册）小学生均图数藏量高于全国平均水平；生均图书藏量排在后三位的省份分别是新疆（14.33 册）、四川（15.83 册）和重庆（16.13 册）。广西、贵州和云南小学生均图书藏量年均增幅较大。西藏、新疆、重庆、四川等地生均图书藏量增幅和生均图书藏量两方面都明显落后于西部其他地区（图 22、表 22）。

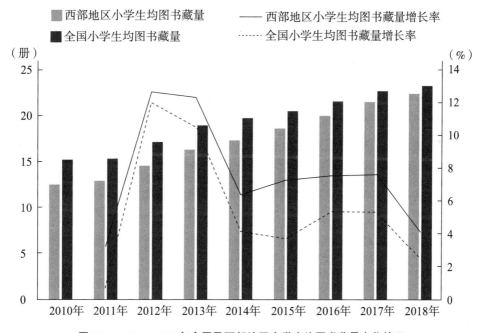

图 22　2010—2018 年全国及西部地区小学生均图书藏量变化情况

表 22　2010—2018 年全国及西部地区各省份小学生均图书藏量变化情况

	2010 年（册）	2018 年（册）	差值（册）	年均增幅（%）
内蒙古	15.34	20.09	4.75	3.43
广西	11.50	30.27	18.77	12.86
重庆	12.41	16.13	3.72	3.33

	2010 年（册）	2018 年（册）	差值（册）	年均增幅（%）
四川	11.04	15.83	4.79	4.61
贵州	10.11	23.46	13.35	11.10
云南	11.30	24.74	13.44	10.29
西藏	13.95	17.35	3.40	2.77
陕西	20.93	31.87	10.94	5.40
甘肃	12.46	20.47	8.01	6.40
青海	12.36	24.29	11.93	8.81
宁夏	14.36	22.24	7.88	5.62
新疆	12.47	14.33	1.86	1.75
西部平均	12.46	22.36	9.90	7.58
全国平均	15.16	23.24	8.08	5.49

（2）初中生均图书藏量

2018 年，全国初中生均图书藏量约为 35.89 册，西部地区初中生均图书藏量约为 34.02 册。与 2010 年相比，全国和西部地区初中生均图书藏量分别增加了 17.18 册和 19.45 册。可以看出，尽管除 2012 年外，2011—2018 年西部地区初中生均图书藏量年均增幅高于全国平均水平，但西部地区初中生均图书藏量仍未达到全国平均水平。2018 年，青海（46.28 册）、陕西（45.64 册）、广西（39.15 册）和贵州（37.40 册）生均图书藏量高于全国平均水平；初中生均图书藏量排在后三位的省份分别是重庆（18.85 册）、西藏（25.66 册）和云南（30.95 册），其中西藏（5.45%）初中生均图书藏量年均增幅最小（图 23、表 23）。

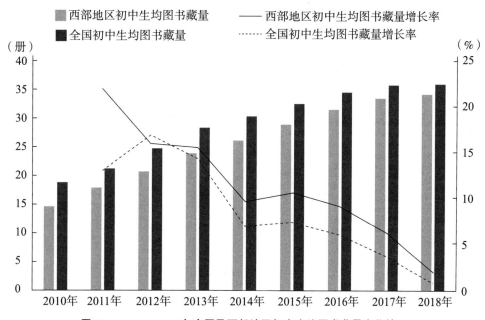

图 23 2010—2018 年全国及西部地区初中生均图书藏量变化情况

表 23 2010—2018 年全国及西部地区各省份初中生均图书藏量变化情况

	2010 年（册）	2018 年（册）	差值（册）	年均增幅（%）
内蒙古	18.98	31.38	12.40	6.48
广西	15.49	39.15	23.66	12.29
重庆	8.99	18.85	9.86	9.70
四川	12.55	31.35	18.80	12.12
贵州	15.66	37.40	21.74	11.50
云南	12.37	30.95	18.58	12.15
西藏	16.78	25.66	8.88	5.45
陕西	22.43	45.64	23.21	9.29
甘肃	10.83	34.81	23.98	15.71
青海	15.79	46.28	30.49	14.39
宁夏	15.80	31.99	16.19	9.22
新疆	16.66	32.80	16.14	8.84
西部平均	14.57	34.02	19.45	11.18
全国平均	18.71	35.89	17.18	8.48

4. 每百人拥有教学用计算机数

（1）小学每百人拥有教学用计算机数

2018 年，全国小学每百人拥有教学用计算机数约 11.12 台，西部地区小学每百人拥有教学用计算机数约 10.25 台。相较 2010 年，全国和西部地区小学每百人拥有教学用计算机数分别大约增加了 6.98 台和 7.32 台。西部地区小学每百人拥有教学用计算机台数始终低于全国平均水平，但在 2011 年及 2013—2018 年，西部地区小学每百人拥有教学用计算机数增幅均高于全国平均水平。2018 年，西部地区小学每百人拥有教学用计算机数排在前三位的省份是陕西（15.54 台）、宁夏（14.65 台）、内蒙古（11.96 台）；云南（10.71 台）、贵州（8.86 台）、四川（8.58 台）、广西（8.50 台）、新疆（8.48 台）低于全国平均水平（图 24、表 24）。

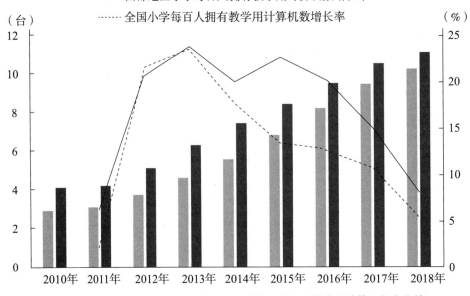

图 24 2010—2018 年全国及西部地区小学每百人拥有教学用计算机数变化情况

表 24 2010—2018 年全国及西部地区各省份小学每百人拥有教学用计算机数变化情况

	2010 年（台）	2018 年（台）	差值（台）	年均增幅（%）
内蒙古	3.89	11.96	8.07	15.07
广西	1.54	8.50	6.96	23.80
重庆	4.03	11.26	7.23	13.70

续表

	2010年（台）	2018年（台）	差值（台）	年均增幅（%）
四川	3.08	8.58	5.50	13.66
贵州	1.48	8.86	7.38	25.07
云南	2.35	10.71	8.36	20.88
西藏	3.83	11.79	7.96	15.09
陕西	4.88	15.54	10.66	15.58
甘肃	3.08	11.91	8.83	18.42
青海	4.33	11.86	7.53	13.42
宁夏	5.75	14.65	8.90	12.40
新疆	4.04	8.48	4.44	9.71
西部平均	2.93	10.25	7.32	16.95
全国平均	4.14	11.12	6.98	13.15

（2）初中每百人拥有教学用计算机数

2018年，全国初中每百人拥有教学用计算机数约15.22台，西部地区初中每百人拥有教学用计算机数约13.21台。与2010年相比，全国及西部地区初中每百人拥有教学用计算机数分别增加了约8.87台和8.35台。除2012年和2013年，2011—2018年西部地区初中每百人拥有教学用计算机数年均增幅高于全国平均水平，但在实际拥有量上又低于全国平均水平。2018年，西部地区初中每百人拥有教学用计算机数排在前三位的省份是陕西（19.04台）、青海（17.73台）、宁夏（17.16台）；四川（13.78台）、贵州（13.11台）、云南（11.93台）、西藏（10.04台）、重庆（9.31台）和广西（8.59台）低于全国平均水平。其中广西（8.66%）初中每百人拥有教学用计算机数年均增幅在西部地区中最小（图25、表25）。

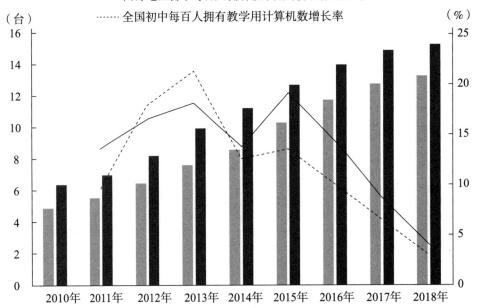

图 25　2010—2018 年全国及西部地区初中每百人拥有教学用计算机数变化情况

表 25　2010—2018 年全国及西部地区各省份初中每百人拥有教学用计算机数变化情况

	2010 年（台）	2018 年（台）	差值（台）	年均增幅（%）
内蒙古	5.10	15.39	10.29	14.80
广西	4.42	8.59	4.17	8.66
重庆	4.05	9.31	5.26	10.97
四川	4.64	13.78	9.14	14.58
贵州	3.47	13.11	9.64	18.08
云南	4.24	11.93	7.69	13.80
西藏	3.74	10.04	6.30	13.14
陕西	6.88	19.04	12.16	13.57
甘肃	5.26	16.80	11.54	15.62
青海	7.15	17.73	10.58	12.02
宁夏	8.39	17.16	8.77	9.36

	2010 年（台）	2018 年（台）	差值（台）	年均增幅（%）
新疆	6.26	15.82	9.56	12.29
西部平均	4.86	13.21	8.35	13.31
全国平均	6.35	15.22	8.87	11.55

（五）西部地区义务教育基尼系数

为测量我国义务教育生均经费支出的公平性，本研究根据数据测算了2010—2018 年西部义务教育生均一般公共预算教育事业费支出和生均一般公共预算公用经费支出的基尼系数，基尼系数越小，表示经费分配越公平，基尼系数公式为

$$G_t=1-\sum_{i=1}^{n} P_i（2Q_i-W_i）$$

式中，G_t 是 t 年生均教育经费支出的基尼系数；i 是组别；P_i 是相应组的在校生数所占的比重；W_i 是相应组在校生所占的经费比重；Q_i 是相应组在校生所占经费比重的累计百分比。

1. 生均一般公共预算教育事业费支出基尼系数

根据公式，可计算出全国及西部地区生均一般公共预算教育事业费支出基尼系数。全国范围内无论小学还是初中，其生均一般公共预算教育事业费支出基尼系数基本上呈现逐年下降的趋势。2010 年全国小学和初中生均一般公共预算教育事业费支出基尼系数分别为 0.2168 和 0.1967，至 2018 年分别下降至 0.1394 和 0.1498。2010 年西部地区小学和初中生均一般公共预算教育事业费支出基尼系数分别为0.1347 和 0.1333，至 2018 年分别下降至 0.0870 和 0.0943。从整体趋势来看，西部地区无论小学还是初中，其生均一般公共预算教育事业费基尼系数都略低于全国平均水平（图 26）。

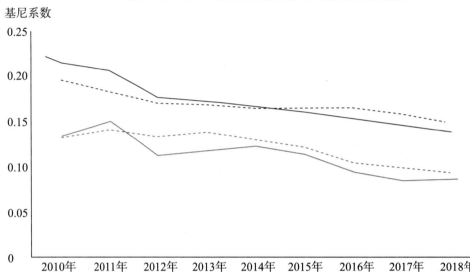

—— 全国小学生均一般公共预算教育事业费支出基尼系数

----- 全国初中生均一般公共预算教育事业费支出基尼系数

—— 西部地区小学生均一般公共预算教育事业费支出基尼系数

----- 西部地区初中生均一般公共预算教育事业费支出基尼系数

图 26 2010—2018 年全国及西部地区小学、初中生均一般公共预算教育事业费支出基尼系数变化情况

2. 生均一般公共预算公用经费支出基尼系数

根据公式，可计算出全国及西部地区生均一般公共预算公用经费支出基尼系数。全国范围内无论小学还是初中，其生均一般公共预算公用经费支出基尼系数基本上呈现逐年下降的趋势。2010 年全国小学和初中生均一般公共预算公用经费支出基尼系数分别为 0.1780 和 0.1886，至 2018 年分别下降至 0.1346 和 0.1428。2010年西部地区小学和初中生均一般公共预算公用经费支出基尼系数分别为 0.1698 和0.1914，至 2018 年均降至 0.1152。从整体趋势来看，西部地区无论小学还是初中，其生均一般公共预算公用经费支出基尼系数都略低于全国平均水平（图 27）。

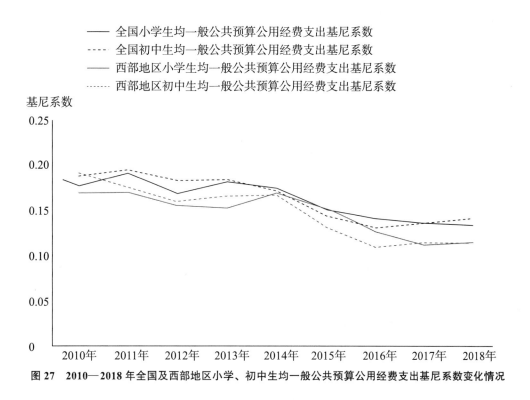

——— 全国小学生均一般公共预算公用经费支出基尼系数
----- 全国初中生均一般公共预算公用经费支出基尼系数
——— 西部地区小学生均一般公共预算公用经费支出基尼系数
----- 西部地区初中生均一般公共预算公用经费支出基尼系数

图 27 2010—2018 年全国及西部地区小学、初中生均一般公共预算公用经费支出基尼系数变化情况

三、义务教育现代化发展指标体系与西部地区义务教育现代化发展

（一）义务教育现代化发展指标体系

教育现代化发展是一个综合性概念，既包括数量的增长，也包括质量的提升，既有对效率的需要，也有对公平的追求。自 2010 年我国颁布《国家中长期教育改革和发展规划纲要（2010—2020 年）》以来，我国教育进入新的发展阶段，特别是义务教育发展迅速，优质均衡的义务教育成为社会的共同期待。由于我国地域广阔，各地经济社会发展水平不一，教育现代化发展程度也不尽相同。为更好地反映西部地区义务教育现代化发展状况，本研究借鉴国际上成熟的教育发展指标体系和国内相关学者的研究成果，并考虑数据的可得性、客观性和可对比性，尝试构建了包括教育投入指数、教育条件指数和教育公平指数 3 个二级指标和若干三级指标的义务教育现代化发展指数（Modernization Development Index of Compulsory Education, MDICE）。对 3 个二级指标的赋值中，教育公平指数占 40%，其他两类指数各占 30%。三级指标的每一项在各二级指标中同等重要，因此三级指标赋值采

取均分的形式。

1. 教育投入指数

教育投入是教育质量的重要保障，教育投入的数量和质量影响着教育产出的数量和质量。生均一般公共预算教育事业费支出和生均一般公共预算公用经费支出可以用来提示教育发展过程中的经费使用水平，教师师资（教师学历）可以用来提示教育过程质量。因此，本研究选取了小学生均一般公共预算教育事业费支出指数、初中生均一般公共预算教育事业费支出指数、小学生均一般公共预算公用经费支出指数、初中生均一般公共预算公用经费支出指数、小学专任教师师资指数和初中专任教师师资指数 6 个三级指标。

2. 教育条件指数

教育条件是支持教育顺利发展的环境，教育条件的好坏影响教育的过程和结果。研究选取了小学生均校舍建筑面积指数、初中生均校舍建筑面积指数、小学每百人拥有教学用计算机指数、初中每百人拥有教学用计算机指数、小学生均图书藏量指数、初中生均图书藏量指数 6 个三级指标。

3. 教育公平指数

教育公平是教育现代化发展的价值追求和社会理想。在现有统计中，并没有能直接反映教育公平的指标。本研究只能尽量选取与教育公平有密切关联的指标来反映这一维度，即小学、初中专任教师城乡差异指数，小学、初中生均一般公共预算教育事业费支出城乡差异指数，小学、初中生均一般公共预算公用经费支出城乡差异指数 6 个三级指标。

（二）义务教育现代化发展指数的选择和测算方法

义务教育现代化发展指数是多组能反映教育发展的单一核心指标构成的综合指数，对单一核心指标的选择和计算会直接影响其判评的结果。当前对教育发展指数的研究并不多，义务教育只是作为教育发展指数中的一个部分来计算，甚至整个教育发展指数也只被作为社会发展指数的组成部分。目前得到广泛认可的是由联合国开发计划署发布的人类发展指数中的教育水平指数，包括成人识字率、中小学和大学综合毛入学率。此外，联合国教科文组织也设计了教育发展指数，以监测各个国家和地区《世界全民教育纲领》和《达喀尔行动纲领》中全民教育目标的达成情况。具体包括初等教育净入学率、成人识字率、小学五年级保留率和教育性别平等指数（王善迈，袁连生，田志磊 等，2013）。国内学者中较有代表性的有岳昌君（2008）仿照联合国开发计划署的人类发展指数提出的教育发展指数，包括教育存量指数、教育增量指数、教育投入指数和教育贡献指数，其监测要点包括人均受教育年限和识字率、综合入学率、综合生均教育经费支出和综合师资水平、科技人员数和科技专利数。王善迈等构建的地区教育发展指数包括教育机会指数、教育投入指数和教育公平指数，其指数监测的核心是入学率、生均事业费和师资水平及这两类指标间的城乡差异（王善迈，袁连生，田志磊 等，2013）。长江教育研究院于2019年发布的《中国教育指数（2019版）》，通过教育指数反映各省份的教育综合治理水平，包括规模、投入、质量、信息、公平、贡献、创新、创业、创造、健康、生态、法治在内的12个维度（张炜，周洪宇，2019）。

教育发展指数用来反映教育某一方面的发展状态。出于不同的目的和需要，教育发展指数的监测要点也不尽相同。本研究根据当前义务教育的发展现实，将监测重点放在人、财、物三个要素上，分别体现为教师队伍素质、一般公共预算教育事业费支出和公用经费支出及基础设施建设，并据此设置包括教育投入指数、教育条件指数和教育公平指数在内的义务教育发展指标体系。需要注意的是，研究未纳入义务教育普及率等国际常用指标，这是因为现阶段我国已全面普及了九年义务教育，进入优质均衡发展的新阶段，该指标已不能反映我国各省份之间教育发展的差距。具体到教育实践中，教育质量应体现为学生发展，但学生发展这一指标很难直接、有效地加以把握，因此只能选择对学生发展影响较大的指标来间接推测目的指标的实现程度。本研究认为，师资、经费及校园建设与学生发展关联密切，因此将监测要点放在这三个方面，同时，这三方面的数据也可通过《中国教育统计年鉴》《中国教育经费统计年鉴》及教育部公布的教育统计公报等收集。这些信息来源权威可靠，更能在一定程度上反映义务教育现代化发展情况。在计算方式上，本研究选用了目前公认度较高的由联合国开发计划署设计的人类发展指数的测算方法，即发展指数 =（实际值 − 最小值）/（最大值 − 最小值）。所得指数值越大，说明教育现代化程度越高。在研究中，由于能找到最新的数据来源于《中国教育经费统计年鉴（2018）》（即对2017年教育经费进行全年回顾），因此，在指数计算中统计的为2017年的数据。

1.西部地区义务教育现代化投入指数分析

教育投入与教育产出息息相关。高数量、高质量的教育投入不一定能产生高效益的教育，但低数量、低质量的教育投入一定难以产生高效益的教育。因此，研究选用义务教育阶段生均一般公共预算教育事业费支出指数、生均一般公共预算公用经费支出指数和专任教师师资指数作为衡量教育投入的指标。具体计算公式如下：

教育投入指数 =（小学生均一般公共预算教育事业费支出指数 + 初中生均一般

公共预算教育事业费支出指数＋小学生均一般公共预算公用经费支出指数＋初中生均一般公共预算公用经费支出指数＋小学专任教师师资指数＋初中专任教师师资指数）/6

根据当前我国义务教育现代化发展实际和人民对于高质量教育的期盼，本研究将小学、初中的教师师资合格水平分别设置为专科及以上和本科及以上。同时，在经费计算中，出于全国对比的需要，选取被评价年份中全国生均一般公共预算教育事业费支出和生均一般公共预算公用经费支出中最高省份的经费值作为最优值。各指数的标准化计算公式如下：

（1）小学专任教师师资指数＝（地方当年获得专科及以上学历专任教师占全体小学专任教师比例－当年全国该项指标的最小值）/（当年全国该项指标的最大值－当年全国该项指标的最小值）

（2）初中专任教师师资指数＝（地方当年获得本科及以上学历专任教师占全体初中专任教师比例－当年全国该项指标的最小值）/（当年全国该项指标的最大值－当年全国该项指标的最小值）

（3）小学生均一般公共预算教育事业费支出指数＝（地方小学当年生均一般公共预算教育事业费支出－当年全国该项指标的最小值）/（当年全国该项指标的最大值－当年全国该项指标的最小值）

（4）初中生均一般公共预算教育事业费支出指数＝（地方初中当年生均一般公共预算教育事业费支出－当年全国该项指标的最小值）/（当年全国该项指标的最大值－当年全国该项指标的最小值）

（5）小学生均一般公共预算公用经费支出指数＝（地方小学当年生均一般公共预算公用经费支出－当年全国该项指标的最小值）/（当年全国该项指标的最大值－当年全国该项指标的最小值）

（6）初中生均一般公共预算公用经费支出指数＝（地方初中当年生均一般公共预算公用经费支出－当年全国该项指标的最小值）/（当年全国该项指标的最大值－当年全国该项指标的最小值）

根据上述计算方法，研究计算了 2017 年西部地区各省份义务教育现代化投入指数和全国平均义务教育现代化投入指数，见图 28。西部地区各省份中有一半超过全国平均水平，其中西藏义务教育现代化投入指数最高，其次依次为陕西、内蒙古、重庆、宁夏和青海。新疆、四川、云南、甘肃、贵州和广西低于全国平均水平。党和国家对西藏教育一直十分关心并给予优惠政策，健全和完善以国家投入为主的教育保障体系，"十三五"以来财政教育投入年均增幅更是在 20% 以上。在教师队伍建设上，西藏全面推进《乡村教师支持计划（2015—2020年）》，深化中小学教师职称制度改革，义务教育阶段推行"县管校聘"管理改革试点，教师地位待遇不断提升（西藏自治区教育厅，2019）。西藏义务教育条件得到极大改善。

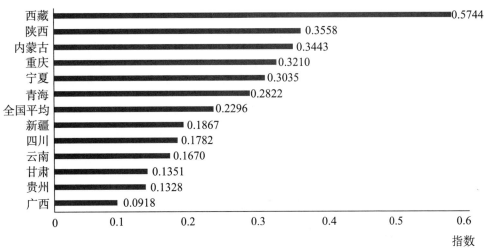

图28　2017年西部地区各省份义务教育现代化投入指数

2. 西部地区义务教育现代化条件指数分析

校园基础设施建设能直观地反映义务教育现代化水平。根据当前义务教育阶段学校发展的实际，本研究选取了小学和初中生均校舍建筑面积指数、每百人拥有教学用计算机指数和生均图书藏量指数作为衡量校园基础设施建设的指标。各项指标计算方法如下：

（1）小学生均校舍建筑面积指数 =（地方小学当年生均校舍建筑面积实际值 − 当年全国该项指标的最小值）/（当年全国该项指标的最大值 − 当年全国该项指标的最小值）

（2）初中生均校舍建筑面积指数 =（地方初中当年生均校舍建筑面积实际值 − 当年全国该项指标的最小值）/（当年全国该项指标的最大值 − 当年全国该项指标的最小值）

（3）小学每百人拥有教学用计算机指数 =（地方小学当年每百人拥有教学用计算机实际值 − 当年全国该项指标的最小值）/（当年全国该项指标的最大值 − 当年全国该项指标的最小值）

（4）初中每百人拥有教学用计算机指数 =（地方初中当年每百人拥有教学用计算机实际值 − 当年全国该项指标的最小值）/（当年全国该项指标的最大值 − 当年全国该项指标的最小值）

（5）小学生均图书藏量指数 =（地方小学当年生均图书藏量实际值 - 当年全国该项指标的最小值）/（当年全国该项指标的最大值 - 当年全国该项指标的最小值）

（6）初中生均图书藏量指数 =（地方初中当年生均图书藏量实际值 - 当年全国该项指标的最小值）/（当年全国该项指标的最大值 - 当年全国该项指标的最小值）

义务教育现代化条件指数为以上 6 项指数的均值。

根据上述方法，本研究计算了 2017 年西部地区各省份义务教育现代化条件指数和全国平均义务教育现代化条件指数（图 29）。西部地区中，义务教育现代化条件指数高于全国平均水平的只有陕西、青海、西藏和内蒙古，其中陕西、青海较为突出。自 2016 年《关于加快中西部教育发展的指导意见》发布以来，西部地区义务教育水平逐步提升。但由于长期以来经济发展较为落后，西部地区各省份义务教育发展仍然相对滞后，仍有很大进步的空间。

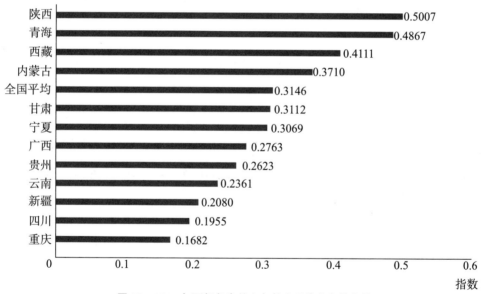

图 29　2017 年西部各省份义务教育现代化条件指数

3. 西部地区义务教育现代化公平指数分析

教育公平是教育现代化的价值取向和人民群众的教育愿景。教育公平作为一种状态体现的是每一个人都能获得适合自己的发展。本研究选取了小学、初中的专任教师城乡差异指数、生均一般公共预算教育事业费支出城乡差异指数、生均一般公共预算公用经费支出城乡差异指数等与教育公平密切相关的指标来衡量教育公平。计算公式为：

教育公平指数 =（小学专任教师城乡差异指数 + 初中专任教师城乡差异指数 +

小学生均一般公共预算教育事业费支出城乡差异指数＋初中生均一般公共预算教育事业费支出城乡差异指数＋小学生均一般公共预算公用经费支出城乡差异指数＋初中生均一般公共预算公用经费支出城乡差异指数）/6

在研究中，城乡差异代表城镇和农村的差别，城镇包括城区、城乡接合部、镇区和镇乡接合部，农村等同于乡村。具体指标计算公式如下：

（1）小学专任教师城乡差异指数＝（地方当年农村小学专科及以上学历专任教师比例／地方当年城市小学专科及以上学历专任教师比例）／（城乡专任教师学历差异的最优值，1）

（2）初中专任教师城乡差异指数＝（地方当年农村初中本科及以上学历专任教师比例／地方当年城市初中本科及以上学历专任教师比例）／（城乡专任教师学历差异的最优值，1）

（3）小学生均一般公共预算教育事业费支出城乡差异指数＝（地方当年农村小学生均一般公共预算教育事业费支出／地方当年城市小学生均一般公共预算教育事业费支出）／（城乡小学生均一般公共预算教育事业费支出差异的最优值，1）

（4）初中生均一般公共预算教育事业费支出城乡差异指数＝（地方当年农村初中生均一般公共预算教育事业费支出／地方当年城市初中生均一般公共预算教育事业费支出）／（城乡初中生均一般公共预算教育事业费支出差异的最优值，1）

（5）小学生均一般公共预算公用经费支出城乡差异指数＝（地方当年农村小学生均一般公共预算公用经费支出／地方当年城市小学生均一般公共预算公用经费支出）／（城乡小学生均一般公共预算公用经费支出差异的最优值，1）

（6）初中生均一般公共预算公用经费支出城乡差异指数＝（地方当年农村初中生均一般公共预算公用经费支出／地方当年城市初中生均一般公共预算公用经费支出）／（城乡初中生均一般公共预算公用经费支出差异的最优值，1）

根据上述计算方法，本研究计算了 2017 年西部地区各省份义务教育现代化公平指数和全国平均义务教育现代化公平指数（图 30）。除新疆、广西、宁夏外，西部各省份义务教育现代化公平指数均高于全国平均水平。2012 年 9 月，国务院颁发《关于深入推进义务教育均衡发展的意见》，旨在推进义务教育均衡发展，全面提高义务教育质量，促进教育公平。西部地区积极响应政策要求，加大对农村等薄弱地区的教育投入，教育公平程度得到不断提升。

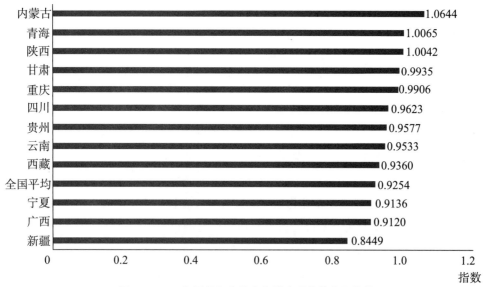

图 30　2017 年西部各省份义务教育现代化公平指数

4. 西部地区义务教育现代化发展指数分析

结合上述各分级指数的结果，按照义务教育现代化发展综合指数 = 义务教育现代化投入指数 ×30%+ 义务教育现代化条件指数 ×30%+ 义务教育现代化公平指数 ×40% 公式计算，本研究绘制出西部各省份义务教育现代化发展指数图（图 31）。西藏、陕西、内蒙古、青海、宁夏、重庆高于全国平均水平；其余省份则低于全国平均水平。整体来看，西北区域义务教育发展优于西南区域义务教育发展。

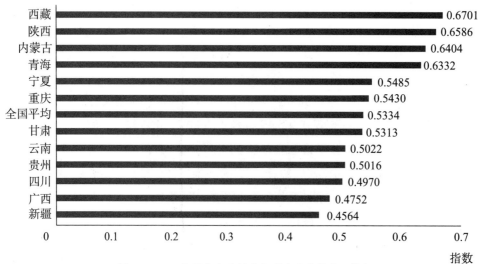

图 31　2017 年西部各省份义务教育现代化发展指数

　　根据综合指数排名和各分级指数排名，本研究将西部各省份义务教育现代化发展分为强均衡发展型、强非均衡发展型、弱均衡发展型和弱非均衡发展型四类。

　　第一类为强均衡发展型，代表省份为陕西、青海和内蒙古。这类省份在教育投入、教育条件和教育公平上没有明显短板，发展较为均衡，且各项排名和综合指数均比较高。

　　第二类为强非均衡发展型，代表省份为西藏、宁夏和重庆。这类省份虽然综合指数排名较高，但在分级指数中存在短板。较为典型的如西藏，其教育公平指数与其他分级指数相差较大，教育公平程度有待提高。

　　第三类为弱均衡发展型，代表省份为云南、贵州和广西。这类省份义务教育现代化发展整体不如前两类，各分级指数相对较为均衡。

　　第四类为弱非均衡发展型，代表省份为新疆、甘肃、四川。这类省份义务教育现代化程度进步空间较大，各分级指数差异较显著。

　　从研究可知，第一，教育发展受经济发展影响较大，但经济发展并非决定教育发展水平的唯一因素，"穷省富教"的现象并非个例。如西藏、青海、宁夏等地在2017年全国 GDP 排名中位置靠后，但其义务教育现代化发展指数却在西部地区中相对靠前。舒尔茨（T. W. SchultZ）指出：教育对获取应付与经济现代化相关联的不平衡状态的能力，具有普遍的促进作用。（舒尔茨，2017：43）为教育投入的成本都可为个人提供未来收益的生产性资本，从而促进整个社会经济的发展。教育发展已然成为社会进步的重要推力，义务教育作为整个教育体系的基础，更是有着举足轻重的作用。

　　第二，义务教育现代化发展指数高并不一定意味着教育公平，教育公平不等于教育平庸。义务教育现代化发展指数只是依据一定标准对义务教育现代化进行量化，其评判结果受指标选取、指标赋分和各分项指数的影响，最终指数高并不能表示教育发展一定公平，甚至在某些指数高的地区教育资源可能出现更加不均衡的情况。与此同时，教育公平是义务教育现代化的应有之义，但公平不是平庸，低质量的教育公平只是将教育简单平均化甚至平庸化，这是对教育公平的误读，更是对教育现代化的背离。义务教育现代化追求的是高质量的教育公平，是效率与平等相平衡的教育。

　　第三，西部地区义务教育现代化发展速度较快，但各地发展差异较大，仍有很大发展空间。通过与2010年西部各省份教育发展相关数据进行对比，可以清楚地看到西部地区各省份对教育的投入持续加大，教育条件得到很大改善，教育公平程度和综合发展水平不断提升。但与北京、江苏等发达地区相比，西部地区义务教育现代化发展水平仍然较低，西部地区半数省份 2017 年的教育指数仍低于全国平均水平。因此，有必要继续加强对西部教育的投资，特别是对弱均衡发展型和弱非均衡发展型省份的教育支持。

四、西部地区义务教育现代化发展建议

（一）加强对西部地区义务教育的财政支持

1. 明确政府教育财政责任

分税制改革以来，中央与地方在财政关系上呈现出偏中央即中央财力得到集中的状态，然而在事权划分上却并未改变，地方政府依然承担着支出的责任。在教育上就体现为不同区域间教育财政的不平衡及由此引发的教育现代化发展的差距。尽管 21 世纪初起中央就不断加大基础教育转移支付力度，然而各省级政府的教育支出责任并未明显变大。此外，各省级政府对中央转移支付的资金在分配上的透明度也较低，无法进行分配是否合理的研究。特别是西部地区本身经济发展水平较低，更应该得到更多的支持，因此，应根据西部地区义务教育现实发展需要，适当加大中央政府的基础教育资金转移支付力度，缓解地方政府在基础教育支出领域因财权和事权的错配而导致的供给不足（曹可成，2020）。与此同时，应进一步明确省级政府与下级政府的教育责任划分，发挥好上级政府的宏观调控作用，利用好下级政府的信息优势，让教育资源能够最有效地配置，促进义务教育公平且有质量地发展。

2. 加大对西部贫弱地区特别是农村教育的财政支持

2001 年国务院《关于基础教育改革与发展的决定》提出，实行在国务院领导下，由地方政府负责、分级管理、以县为主的体制。此后，我国基础教育财政支出的主体逐渐下移到县级政府。在这样的背景下，县级政府的财力状况更多地直接决定了教育的投入水平。这使得教育财政容易出现不公平的现象，不同省份的县、乡政府社会经济发展不平衡，教育经费投入差距增大。即使同一省份的县、乡政府，其社会经济发展水平也不一样，这使得本来发展就不均衡的教育变得更加复杂，尤其是农村与城市的义务教育发展差距拉大。在以县为主的教育财政管理体制下，应注意"以县为主"是指"县级政府及其教育局是统筹落实、有效管理中央和省级政府教育投入的组织者和责任人，但并非是指以县投入为主"（郝文武，2019）。因此，必须加强对贫弱县乡的财政支持，特别是增加对农村教育的经费投入，缩小地区间

的差距，促进区域义务教育的均衡发展，特别是城乡义务教育一体化发展。

（二）提高西部地区教师队伍建设质量

1.增加优质教师数量，培养农村优秀教师

西部地区义务教育现代化发展离不开教师队伍的建设，在某种程度上教师的质量也就等同于教育的质量。西部地区限于自身社会经济及地理交通的影响，师资队伍建设水平较差。一方面，随着城镇化进程的加快，西部地区城镇人口不断增加，然而教师数量的增长却无法完全满足城镇人口对优质教育的需求。教育供需关系的失衡催生了很多非正常的教育现象，如课外培训市场的火爆、优质民办学校的高昂收费，这些都使得教育生态平衡被破坏，儿童接受平等教育的机会实质上遭到破坏。另一方面，县城以下的农村地区的教育发展又受到城镇地区的压迫，优秀师资往往会"从乡到城"流动，这使得本来教育发展就落后的农村地区更缺乏进步的动力。城乡环境的差距不仅让学生家长"用脚投票"，选择条件更好的城镇教育，对于教师也同样如此。国家的师范生免费教育政策（2018年改为师范生公费教育政策）在一定程度上能吸引优秀人才进入教育行业，但城乡教育的师资差异仍然存在。有研究对东北师范大学五届免费师范生就业进行调查，发现免费师范生基本能留在基础教育领域，但呈现出留任城市多农村少、留任重点或示范学校多普通学校少的特点，这也佐证了上述观点（商应美，2017）。2015年国务院印发《乡村教师支持计划（2015—2020年）》，旨在鼓励优秀师资在乡村任教，切实提高乡村教师的待遇。然而城乡社会环境和发展空间的巨大差距仍使得年轻的优秀教师在有机会的情况下更倾向于选择去城市任教。有研究通过对五省乡村教师流动意向的调查，指出工资待遇确实能影响教师的保留率和流失率，但其作用比不上非货币性激励因素，即个人成长、家庭环境和社会条件等因素（赵新亮，2019）。因此，必须通过多种手段增加西部地区义务教育优质教师数量，拓宽教师引入渠道，充分发挥教育政策的鼓励作用，特别是西部农村地区更要大力培养本土优秀教师，健全城乡教师的流动机制，促进城乡义务教育师资平衡。

2.完善师资培训和评价体制

西部地区义务教育师资队伍的扩充除了积极引入外，更应注意对教师职后的培养和考评。教育行政管理部门应根据实际，建立健全各类教师培训、研修和晋升计划，并认真监督执行。学校也应根据本校教师发展实际，打造教师学习共同体，进行校本培训。偏远地区学校还可以积极利用互联网进行教师培训，不断提高教师的素质。此外，在对教师进行考评时，也应综合考虑各种因素，对在落后地区长期工作的教师在职称评定上予以政策倾斜。在这一过程中，还应注意到西部地区义务教育阶段初中师资偏弱的现状，积极探索初中教师专业素质提升的培养办法，提高初中师资质量，促进义务教育整体发展。

（三）加强对西部民族地区的教育支持

1.继续增加对西部民族地区的教育投入

民族教育是我国教育体系的重要组成部分，历来受到党和政府关注。近年来在义务教育均衡发展方面，西部民族地区取得了长足的进步，教育现代化发展程度不断提升。但不可否认的是，西部民族地区的社会经济发展仍然相对落后。教育作为有效提升人力资本的手段，是最有效的促进当地社会经济发展的方式。因此，应继续加强对西部民族地区的教育投入，促进教育平等。《中华人民共和国民族区域自治法》规定：国家加大对民族自治地方的教育投入，并采取特殊措施，帮助民族自治地方加速普及九年义务教育和发展其他教育事业，提高各民族人民的科学文化水平。国家帮助民族自治地方培养和培训各民族教师。国家组织和鼓励各民族教师和符合任职条件的各民族毕业生到民族自治地方从事教育教学工作，并给予他们相应的优惠待遇。近年来特别需要的是为民族地区农村人口、贫困人口提供高质量的义务教育，合理分配教育资源，促进民族地区城乡教育均衡发展。

2.加强西部民族地区与发达地区的教育交流

民族团结、平等和共同繁荣关乎我国现代化建设事业的发展，教育是实现这一目标的重要手段。2016年《"十三五"促进民族地区和人口较少民族发展规划》提出：推动义务教育均衡发展，支持义务教育学校标准化建设，全面改善义务教育薄弱学校基本办学条件，逐步提高义务教育阶段学校经费保障水平。科学稳妥推行双语教育。支持民族地区师范院校重点培养双语教师和紧缺学科教师。为更好地实现这一目标，应加强西部民族地区与发达地区的教育交流，包括对民族地区的教育对口支援，尤其是教育援疆、援藏，将优秀的师资、教育内容和教育方法送到民族地区，帮助民族地区提升义务教育质量。

参考文献

曹可成，2020. 财政分权视角下基础教育支出效率测度及影响因素研究 [J]. 统计与信息论坛（3）：113-121.

郝文武，2019. 农村教育现代化"以县为主"应充分发挥乡镇乡村的作用 [J]. 教育理论与实践（31）：30-34.

商应美，2017. 免费师范生就业政策实施 10 周年追踪研究：以东北师范大学五届免费师范生为例 [J]. 教育研究（12）：141-146.

舒尔茨，2017. 对人进行投资：人口质量经济学 [M]. 北京：商务印书馆.

王善迈，袁连生，田志磊，等，2013. 我国各省份教育发展水平比较分析 [J]. 教育研究（6）：29-41.

西藏自治区教育厅，2019. 西藏基础教育的成就与展望 [N]. 西藏日报（汉），2019-10-09（8）.

岳昌君，2008. 我国教育发展的省际差距比较 [J]. 华中师范大学学报（人文社会科学版）（1）：122-126.

张炜，周洪宇，2019. 中国教育指数（2019 年版）[J]. 宁波大学学报（教育科学版）（3）：1-8.

赵新亮，2019. 提高工资收入能否留住乡村教师：基于五省乡村教师流动意愿的调查 [J]. 教育研究（10）：132-142.

>> 教育教学改革实验

小学科学教师课堂教学能力评价 ①

● 王碧梅　胡卫平

摘要：在各国激烈的科技竞争和频繁的科学教育改革之中，教师的教学能力成为培养国家科技人才和关乎科学教育改革成败的关键。但基于能力的教师评价却一直存在争议。基于此，重新审视教师评价显得格外重要。本研究使用混合研究范式，通过文本分析和一线教师行为事件访谈双重建构小学科学教师课堂教学能力结构模型。依据能力结构模型开发小学科学教师评价工具，建构小学科学教师课堂教学能力评价模型。分别采用行为观察测试、学生评教、增值性评价三种评价方式对 HZ 市和 XA 市的 64 位小学科学教师及其任教班级的 2827 位五年级学生进行评价。最终综合三种评价的结果，建立内部常模和外部常模，对小学科学教师的课堂教学能力做出较为客观、公正、科学、严谨的评价，以此探索教师专业发展的路径。研究显示：（1）不同性别的小学科学教师在课堂教学能力上并无显著差异，也就是说，男性教师和女性教师在课堂教学能力的评分上是大致相同的。（2）不同教龄段小学科学教师的课堂教学存在显著差异，差异主要表现在课堂教学行为观察、学生学业成就测试和教师课堂教学能力综合评分上。（3）不同类型学校小学科学教师在学生评教和学生学业成就上存在显著差异。（4）HZ 市和 XA 市的小学科学教师在学生评教和学生学业成就测试得分上存在显著差异。

关键词：科学教师；课堂教学能力；结构；评价

作者简介

王碧梅，陕西学前师范学院教育科学学院讲师，电子邮箱：303509725@qq.com。

胡卫平，陕西师范大学现代教学技术教育部重点实验室主任，教师专业能力发展中心主任，教育学部教授、博士生导师，电子邮箱：weipinghu@163.com。

---

①　基金项目：2018 年度教育部人文社会科学研究青年基金项目"中小学生核心素养培养及评价研究"（项目批准号：18YJC880083）；2019 年度陕西省哲学社会科学基金一般项目"陕西省小学教师教学能力评价研究"（项目批准号：2019Q035）。

Evaluation of Classroom Teaching Ability of Primary School Science Teachers

Wang Bimei   Hu Weiping

Abstract：In the fierce competition in science and technology and frequent scientific education reform, the quality of teachers has become the key to cultivating national scientific and technological talents, improving the competitiveness of science and technology and the success or failure of science education reform. But competency-based teacher evaluation has always been controversial. Based on this, it is very important to re-examine teacher evaluation. The research uses a mixed research paradigm to construct the classroom teaching ability structure model of science teachers through text analysis and the behavior incident interview of front-line teachers. According to the competency structure model, the teacher evaluation tool is developed and the teacher evaluation model is constructed. The study sample in this section is the 64 science teachers of HZ city and XA city and the 2827 fifth grade students of their teaching class. Through the combination of the three kinds of evaluation, and use the internal and external methods to make an objective, fair, scientific and rigorous evaluation of the classroom teaching ability of the science teachers. According to the evaluation results, we will give each teacher corresponding assessment report, and to explore its professional development path. The research shows:(1)There is no significant difference in classroom teaching ability among teachers of different genders, that is, male teachers and female teachers are roughly the same in classroom teaching ability.(2)There are significant differences in the classroom teaching ability of teachers in different age groups. The differences are mainly in classroom teaching behavior observation, student achievement tests and comprehensive score.(3)There are significant differences between teachers who at different schools, their classroom teaching abilities differ from students' evaluation and students' achievement.(4)There are differences between the two districts of HZ and XA in the student evaluation and student achievement test scores.

Key words: science teacher; classroom teaching ability; structure; evaluation
Authors:

Wang Bimei, lecturer in College of Educational Science, Shaanxi Xueqian Normal University, e-mail：303509725@qq.com.

Hu Weiping, director of the Key Laboratory of Modern Teaching Technology, director of the Center for Teacher Professional Competence Development, professor and doctoral supervisor of the School of Education, in Shaanxi Normal University, e-mail：weipinghu@163.com.

一、问题提出

科学教育在促进国家的科技发展，提高国家的科技竞争能力，培养社会需要的科技人才，引领社会走向科学以及帮助个体认识科学、了解科学、掌握科学等方面都具有不可比拟的作用。但在现实的社会处境下，科学教育的发展却备尝艰辛，面临的困境也日渐凸显。在初等教育阶段，科学教育面临师资匮乏、经费短缺、不受重视等困境；在高等教育阶段，科学教育面临生源稀缺、就业困难、无专职教师等困境；在教育研究领域，科学教育面临研究群体少、研究内容学科化、国内无专门的期刊等困境。这些现实的困境制约了科学教育的发展，与国家对科技人才的需求、与科教兴国战略都背道而驰。世界各国采取了一系列的措施，陆续拟定和颁布了一系列的政策法规支持科学教育的发展，也先后根据各国的国情实施科学教育改革。如 20 世纪 80 年代，美国全国优质教育委员会（National Commission on Excellence in Education）发表了令世人瞩目和影响深远的报告《国家正处在危机中：教育改革势在必行》（A Nation at Risk：The Imperative For Educational Reform），这份报告将提高教育质量作为改革的重点。教育质量的提高无疑需要高质量的教师队伍。2002 年美国启动《不让一个孩子掉队法案》（No Child Left Behind Act），该法案明确了教师质量对于国家教育的重要意义。澳大利亚联邦政府出台了一份名为《为 21 世纪准备教师》（Teachers for the 21 Century）的计划，该计划提出高质量的教育取决于高质量的教师。《国家中长期教育改革和发展规划纲要（2010—2020 年）》也将提高教师质量作为教育改革和发展的工作方针之一。教师是学校教育中对学生施加教育影响的主体，是发生在所有各级各类学校和课堂中并通过所有教育渠道进行教育变革的关键活动者（赵中建，1999：522），任何教育改革最终都需要落实到教师的教育实践活动中（戚业国，陈玉琨，2002）。由此可知，教师质量对于科学教育改革和综合国力提升具有重要意义。教师质量提升的关键在于提高教师的教学质量，使教师的教育教学实践真正做到"可持续发展"，使教育教学共同体真正做到个性化和社会化的统一。大量研究告诉我们，学校的教学质量在很大程度上与教师的教育教学能力密切相关。教学能力是教学质量的核心，是教师完成教学任务的前提，是衡量教师教学质量高低和评价教师的基础。因此，需要开发和研制科学教师的教学能力标准。早在 1998 年，美国全国科学教师协会（National Science Teacher Association）和科学教师教育促进协会（Association for the Education of Teachers in Science）共同研制了《科学教师培养标准》（Standards for Science Teacher Preparation），这是第一份涉及科学教师教学能力的标准，被美国各州的教育系统和教师评价机构所使用，并推动了美国科学教育的发展。2002 年澳大利亚科学教师协会（Australian Science Teachers Association，ASTS）颁布了《全国优秀科学教师专业标准》（National Professional Standards for Highly Accomplished Teachers of Science）。2007 年，菲律宾颁布了《全国科学教师专业标准》。2010 年美国基于教师可持续发展模式修改了科学教师相关标准，新标准为《科学教师准备标准》（NSTA Standards for Science Teacher Preparation，NSSTP），该标准进一步细化了科学教师的职前培养。这些标准都对科学教师的教学能力做出相应的要求，旨在衡量或判断教师的表现，规范教师的教育教学行为，人们将其作为评价科学教师教学质量的标准，以便于区分不同教师教学能力的差异。但教师评价却一直遭到争议，给评价者和被评价者都带来了极大的困扰。究其原因，主要是关于课堂教学能力的概念界定不清，传统的教师教学能力评价方法单一、偏颇，评价结果反馈不具有针对性，等等。基于此，本研究将"小学科学教师课堂教学能力评价"作为研究主题，并进一步提出以下研究问题：

第一，小学科学教师课堂教学能力结构包含哪些要素？这些要素之间的关系如何？

第二，如何针对小学科学教师课堂教学能力的结构模型开发评价工具？各个评价工具之间的权重应该如何赋值？

第三，围绕评价指标体系，如何对小学科学教师课堂教学能力进行评价？这种评价对于小学科学教师的课堂教学能力的发展具有怎样的作用？如何针对每个阶段的评价寻找成长规律、缩短教师专业发展的路径？

二、整体研究设计和理论基础

（一）研究方法论——混合方法研究

混合方法研究（mixed methods research）是一种结合质性研究方法和量化研究方法的混合式研究方法。该方法可追溯到 20 世纪 60 年代初，坎贝尔（D. T. Campbell）和费斯克（D. W. Fiske）提倡使用"多元特性－多元方法矩阵"（multitrait-multimethod matrix）进行心理特质的效度研究。他们指出，"把不同的研究方法作用于同一个研究问题，可以使不同的研究方法之间彼此验证、相互补充，确保研究中出现的差异确实源于所研究的特性本身，而不是源于所使用的方法"（Campbell，Fiske，1959）。自此，多种研究方法的多方互证逐渐成为一种研究范式。

科学教师课堂教学能力评价是一个复杂的问题，它的复杂性在于：教学能力定义的操作性不强；评价的主客体都是人，人与人之间互动交往时所体现出来的关系是复杂的；教师评价的客观性和科学性难以用单一的质性方法或者量化方法解决。这种复杂性要求研究者在选用研究方法的时候，充分考虑到各个方法是否适用于研究主题。因此，在选定研究方法时，需要综合使用质性的研究方法和量化的研究方法，这样既能避免研究过程中个人主观因素对研究结果的影响，也能尽可能地弥补质性研究和量化研究各自的不足之处。

（二）研究方案

本研究拟在整理已有的国内外研究资料的基础上，结合扎根理论的深刻性、管理学研究的客观性、多被试研究的概括性优势，找出切入点、研究思路和研究方法。首先，在总结已有研究的基础上，通过内容分析法，整理出小学科学教师课堂教学能力的构成要素，并选取部分一线教师进行行为事件访谈，修订和补充已有研究的不足，再分别选取相关领域的科学教育专家和一线优秀教师，采用德尔菲法再次确定小学科学教师课堂教学能力的构成要素。其次，通过对教学能力构成要素进行归纳与提炼，运用聚类法、因素分析法等对能力要素进行科学的多维度分析，得到能力评价底层指标；借用层次分析法（AHP）建立能力的递进阶层结构模型，运用两两比较的方法构造各层次中的所有判断矩阵、指标权重、纬度权重，再分别进行层次单排性及一致性检验和层次总排序一致性检验，构建小学科学教师课堂教学能力评价指标体系。以此为依据，开发和研制小学科学教师课堂教学能力评价量表，并对量表进行检验。再次，以"投入－过程－产出"的系统设计概念模式为基准，采用行为观察测试、学生评教、增值性评价三种评价方式，以五星级报告呈现评价结果，以循环式的评价过程为实施策略，构建多方参与及包含多种资料、多种途径的教师评价模型。最后，根据系统评价模型，选取 64 位不同教龄的三类科学教师，以及三类科学教师所教的五年级学生，综合使用课堂行为观察、学生评教、增值性评价三种评价的方式和循环式评价流程，针对每位教师每一期的评价，形成独立评估报告，并探索出缩短教师专业成长的另一可能路径。具体实施方案如下。

1. 研究一：小学科学教师课堂教学能力结构研究

（1）研究目的：通过对小学科学教师课堂教学能力进行探索性研究，构建以科学学习、科学教学为导向的小学科学教师课堂教学能力结构模型。

（2）研究问题：小学科学教师课堂教学能力结构包含哪些要素？这些要素之间的关系如何？

（3）研究方法：内容分析法和德尔菲法。

内容分析法是一种对已有的相关主题文献进行系统的量化分析的方法，通过主题分析，对已有的相关主题文献形成一定的认知，并以此指导下一步的研究。内容分析法所使用的文本资料来源于相关文献资料和一线科学教师行为事件访谈资料。其中文献资料包括近十年国内外学者发表的关于科学教师教学能力、科学核心素养、科学教学模式的相关文献，以及美国、英国、澳大利亚、巴基斯坦等国家颁布的科学教师专业能力标准和国际培训、绩效、教学标准委员会（International Board of Standards for Training，Performance and Instruction，IBSTPI）制定的教师能力标准、21 世纪必备的技能、教学评价体系等。文献选取的时间段为 2005—2016 年，通过关键词检索，剔除一些不合标准的文献，本研究最终确定了 229 篇外文文献和 325 篇中文文献。

一线科学教师行为事件访谈围绕四个主题进行：教师教学的成功案例及其对后续教学的影响；教师教学的失败教学案例及其对后续教学的影响；教师对课堂教学能力的认知；教师目前拥有和缺乏的课堂教学能力。针对每一个大的主题还会引申出其他小的次级主题，次级主题的提问顺序是随机、灵活的，依照被访谈者的陈述进行随机提问。表 1 所示是被访一线教师基本情况。

表 1　被访一线教师情况

类别	教学年限	人数（人）	年龄段	学校类型
教师	10—15 年	12	35—40 岁	一般、重点
教师	15 年以上	15	40 岁以上	一般、重点
教研员	13 年以上	5	35—45 岁	一般、重点
总计	—	32	—	—

德尔菲法是一种采用匿名函询的方式，对一组特别选择的专家进行征询调查的方法。根据研究目的，专家的选取采用非概率"主观抽样"的方法。专家来源于两类群体：一是各大高校从事科学教育研究，并在核心期刊发表过相关论文或主持过相关课题的专家，职称均为教授；二是从事科学教育工作的一线教师，参与过相关教研工作，并获得过"优秀教师""教学能手"等荣誉称谓，职称为高级。首轮专家咨询中两类群体各 25 人；第二轮专家咨询中，大学科学教育研究者 18 人，一线

科学教师 20 人；第三轮专家咨询中，大学科学教育研究者 15 人，一线科学教师 16 人。每轮样本减少人数均符合相关函数关系，最终确定样本人数为 32 人（三轮都参与），样本满足性别和教龄多样性的要求。

（4）研究步骤：①采用主题分析法对相关文献和访谈资料进行内容分析。②采用德尔菲法对选取的科学教育专家进行三轮咨询。

（5）数据分析：文本资料的分析借用 NVivo 8.0 软件，目的是找出影响小学科学教师课堂教学能力的要素；对通过德尔菲法得到的数据采用描述性统计、变异系数、协调系数、集中程度、权威程度和非参数检验等方法进行分析，目的是确定教学能力要素及其结构。

2. 研究二：小学科学教师课堂教学能力评价指标体系建构研究

（1）研究目的：科学化小学科学教师课堂教学评价指标体系拟定的方法，为构建科学合理、开放灵活的小学科学教师课堂教学能力指标体系提供不同视角。

（2）研究问题：如何针对小学科学教师课堂教学能力的结构模型建构评价指标体系？指标权重如何赋值？

（3）研究方法：层次分析法。

层次分析法是一种多准则决策方法，其基本思想是先把复杂的决策问题层次化，即将复杂的问题分解成各个组成因素，然后按照各因素的支配关系构建所研究问题的递进层次结构，以"重要性"为依据，对同一层次各个因素进行两两比较，构造判断矩阵。由判断矩阵计算单一准则下各元素的相对权重，最后计算出指标层各元素对目标层的组合权重，并进行排序，以此作为决策的依据。

（4）研究样本：小学科学教师课堂教学能力要素。

（5）研究步骤：采用德尔菲法确定小学科学教师课堂教学能力评价指标体系因素集，采用层次分析法构建系统结构层次结构图，将复杂的评价指标体系因素进行分解，使系统内部各因素之间的相互隶属关系能直观清晰地反映出来，并对指标因素的权重进行计算，参照平均随机一致性指标值，进行判断矩阵一致性检验，以达到满意的结果。

（6）数据分析：采用层次分析法，借用 yaahp 层次分析法软件，对数据进行赋值和计算。

3. 研究三：小学科学教师课堂教学能力评价模型研究

（1）研究目的：创新小学科学教师课堂教学能力评价模型，为教师评价构建全新理念、运行范式和操作原则，并通过全面系统的实证研究，寻求教师专业能力发展的另一路径。

（2）研究问题：围绕评价指标体系，如何对小学科学教师课堂教学能力进行评价？这种评价对于小学科学教师的课堂教学能力的发展具有怎样的作用？如何针对每个阶段的评价寻找成长规律，缩短教师专业发展的路径？

（3）研究方法：混合研究法。

（4）研究样本：小学科学教师和五年级学生。

对于小学科学教师采用分层抽样的方法，选取 XA 市和 HZ 市 5 个区的 64 位小学五年级科学教师作为研究对象。XA 市位于西北地区，其经济、教育发展处于整个地区上等水平；HZ 市位于华东地区，其经济、教育发展处于整个地区上等偏下水平。由于东西部的差异，HZ 市的经济、教育发展水平较之于 XA 市稍高。为了消除经济、教育上的差异而带来的样本差异，研究在 2 个市分别选取了教育发展水平相似的 5 个区的小学作为研究样本。这 5 个区的教育发展水平大致相同，教师的平均教龄也大致相同。选择的五个区的学校既包括历史悠久的老学校，也包括随着城市化进程而发展起来的新城区的新学校。在一定意义上，样本的选择能够代表 2 个市的教育发展水平。样本的基本情况如表 2 所示。

表 2　教师样本基本情况

分类	HZ 市	XA 市	总计
学校数（所）	15	18	33
教师人数（人）	33	31	64
听课数（节）	99	93	192

对学生采取整组抽样，即将 64 位科学教师所任教的 64 个教学班的学生作为研究样本，教学班学生的选择需满足以下条件：该班级必须是该位教师任教，且任教时间不能低于 2 年；班级人数不少于 40 人，以使研究结论更具有科学性、客观性，最大限度避免学生个人情感的影响；该班级必须为自然班，不能进行临时调整。学生样本基本情况如表 3 所示。

表 3　学生样本基本情况

分类	HZ 市	XA 市	总计
学校数（所）	15	18	33
教学班级（个）	33	31	64
学生人数（人）	1320	1507	2827

（5）研究步骤：①系统设计评价小学科学教师课堂教学能力评价模型。②进行小学科学教师课堂教学能力评价实证研究。

（6）数据来源及分析。

本部分数据源于三类评价方式所获得的数据，即行为观察测试、学生评教和增值性评价。

科学教师课堂教学能力的最终得分是三种评价方式的综合。采用模糊的数学方法计算综合评价分值。因为教师课堂教学能力评价中存在一些显性指标和隐形指标，不是一个"非此即彼"的清晰明确的概念，而是一种既非"是"也非"不是"的问题，具有典型的模糊性，难以采用经典的统计学方法进行科学的定量评价，所以运用模糊统计评判法评价比采用其他方法更具优势。基本步骤如下。

第一步，确定考评集团。通过三类评价方式，确定三种考评的集团，分别为观察者、学生、学生科学成就测验得分。

第二步，确定各考评集团的评价因素集合。因为三种集团所处的角度、地位各不相同，所以三个考评集团的评价因素也应有所差别。通过研究二中的计算可得到该数据。

第三步，确定权数集合。各因素、各考评集团对小学科学教师课堂教学能力评价的影响不同，要得到正确的评价结果，需要对每个指标、每个因素、每个考评集团的权数预先加以规定。通过研究二中的计算可得到该数据。

第四步，确定评价标准集合。假定考核标准分为个 5 等级，即卓越、优秀、熟练、一般、再次审核。为了便于计算综合考核值，且设各等级的代表分数分别为95、85、75、65、55，即综合评判分数集 $D=(95\ 85\ 75\ 65\ 55)$。

第五步，编制教师评价信息汇总表。

第六步，计算各考核因素的模糊关系矩阵 R。

$$R=(r_{ij})_{m\times n}$$

式中，r 为截距阵，i 为教师，ij 为教师的课堂教学能力，m 为教师原始评分，n 为权重。

第七步，计算综合评判结果 G。首先将各类因素的权数向量与其模糊关系矩阵复合得小类综合值。然后，计算各考评集团的大类综合值。最后，计算总的评价值。

第八步，计算综合分数 V。$V=G\times D$，即综合分数为教师个人的综合评判结果和综合评判分数的乘积。

（三）理论基础

合理、科学、客观的小学科学教师课堂教学能力评价研究需要有相关的理论支撑，用理论指导或引领研究。小学科学教师课堂教学能力评价研究可以以哲学、教育学、心理学、评价学、管理学等学科理论作为理论基础。因为教师的教学能力是一个复杂的概念，而为了建构出适合的、可操作性的能力结构、评价工具及其模型，必须结合思维型科学课堂教学理论。教师课堂教学能力结构的建构是为后续评价指标的赋值、教师评价工作的开展所做的基础性研究，而教师的评价是人与人互动的过程，这个过程中必然会有很多复杂的心理活动，晕轮效应、首因效应、刻板效应、权威效应、罗森塔尔效应等，这些效应会影响评价结果的客观性和科学性。因此，在进行研究时也需要以教师教学评价的价值观理论作为研究的理论基础。

基于此，本部分将重点阐释思维型科学课堂教学理论、现象图示学理论（phenomenograph）、价值观理论三大理论，以及这三大理论与小学科学教师课堂教学能力评价之间的关系。

1. 思维型科学课堂教学理论

思维型科学课堂教学理论由科学教育专家胡卫平（Hu，2002）提出。思维型科学课堂教学理论以科学思维能力结构模型为基础。该模型集成了思维内容、思维方法和思维品质，是一个三维立体的模型。思维活动是课堂教学的核心，积极的科学思维活动是科学教学的关键所在，聚焦于课堂教学中的思维活动需要关注以下基本理论。

第一，认知冲突（cognitive conflict）。认知冲突是指个体原有的认知与现实境况存在差异时，个体产生的心理矛盾和冲突。这种矛盾和冲突能够引起个体探知差异的兴趣，能够给个体的学习带来动力，也能够引起个体积极的思考。因此，在以思维为核心的课堂教学中，教师需要通过一系列能够引起学生认知冲突的问题激发学生的学习兴趣和动机，促进学生积极思考，使后续教学顺利开展。

第二，自主建构（self-construction）。自主建构主要指的是认知建构和社会建构。认知建构体现了学生的知识获得过程，社会建构体现了课堂教学中的师生互动过程。这两种过程都需要学生思维的积极参与，都以学生思维的激发和发展为核心，需要学生自觉主动地去建构知识。因此，教师在课堂教学中，需要给学生创设与教学知识、学生生活经验相关的情境，帮助学生通过有意义的学习去完成知识的自我主动建构。

第三，自我监控（self-monitoring）。监控是思维能力的顶点，是指引思维方向、提高思维水平的最高指挥官。自我监控能力是教师教学能力的核心和学生学习能力的核心，不仅影响教学过程和教学效果，而且影响其他能力的发展。（林崇德，胡卫平，2010）因此，在课堂教学中，教师需要经常监控自己的教学过程、教学形态、教学效果等，并时时监控学生的学习状态、学习效果，掌握教学的动态和引领教学的高效发展。

第四，应用迁移。应用迁移是知识学习的最高形式和最终目的，教师的教学和学生的学习都是为了能够将所学的知识、能力等应用到实践中，解决现实问题；或是应用到相关学科中，解决学科问题。因此，在课堂教学中，教师需要帮助学生将所学的知识、能力应用迁移到实际问题中去，解决实际、典型的问题。

本研究将思维型课堂教学理论作为科学教师课堂教学能力评价的理论基础，主要基于以下几个方面的考虑。

第一，科学教师课堂教学能力评价的最终目标是改进课堂教学中存在的问题，提高课堂教学质量，最终促进学生的发展。课堂教学质量的提高，以及学生的发展，都离不开学生思维的发展。只有在课堂教学中激发学生的学习动机，促使学生积极思考，才能更好地实现学生对知识的迁移和应用，也才能更好地将教师的教和学生的学结合在一起，实现教学合一。这样才能检验出学生的学习效果以及教师的课堂教学能力。思维型课堂教学理论是一种以学生的思维为核心，以探究为学习的主要途径，以知识的掌握和能力的培养为重点，以提高学生的素养为最终目标的教学理论。因此，在进行评价研究时，需要以该理论为基础，充分考虑课堂教学中的核心要素，以及教师的教和学生的学的核心要素。

第二，科学教师课堂教学能力评价是动态的，它必须在课堂教学实践中实施，对课堂教学做出事实性描述，并在事实判断的基础上，对教学活动的价值进行判断。教师的课堂教学是一种综合了教师的教和学生的学的双边活动，教师通过情境创设、课堂提问、探究教学等策略激发学生积极的思考，让学生在思考中学会发现问题和解决问题。可见，思维的互动和激发是课堂教学的本质，是评价教师课堂教学能力高低的重要指标。因此，科学教师课堂教学能力评价需要以思维型课堂教学理论为依据，在评价中充分关注学生思维的激发和培养这一关键性的指标。

第三，科学教师的课堂教学是一种以探究、论证、推理为主的教学活动。这是科学教学不同于其他科目教学的属性之一。这种教学重视学生知识的形成过程和知识的进阶，重视学生的认知建构和社会建构，以思维为核心，着重培养学生的高阶思维活动。以思维的激发为起点，以思维的培养为目标，这不仅是科学教学活动的本质属性之一，也是科学课堂教学的内在要求。将思维型课堂教学理论作为科学教师课堂教学能力评价的理论依据，既体现了科学教学的本质，也凸显了评价的意义。

2. 现象图示学理论

现象图示学是一种哲学层面上的理论，其关注学习和对世界的认知之间的关系。现象图示学经历了从形而上学的哲学层面到中观的学习理论层面再到微观的教学理论层面的发展阶段。在形而上学的哲学层面上，现象图示学关注群体之间认识世界方式的差异；在中观的学习理论层面，现象图示学关注学习者之间的学习差异，关注解释理论框架的形成，这里的解释理论是指解释人们经历及认识世界的方式的差异的理论；在微观的教学理论层面，现象图示学关注学习环境的开发设计及其对学生学习的促进作用，还关注用变易理论描述和分析课堂教学中的诸多因素（彭明辉，2008）。变易理论是一种学习理论，在课堂教学中，它专注于探讨教师如何帮助学生更好地学习。可知，现象图示学理论既是一种关于哲学的理论，也是一种关于学习和教学的理论。

本研究将现象图示学的相关理论作为科学教师课堂教学能力评价的理论基础，主要基于以下几个方面的考虑。

第一，科学教师的课堂教学能力是一种通过教学帮助学生更好地学习科学、认识科学、理解科学的综合性能力。该种能力既关注教师的教学，也关注学生的学习，教师既可以通过教学促进学生的学习，也可以通过对学生学习的反思、改进自身的教学。现象图示学就是一种可以帮助教师反思自身教学、促进自身教学能力提高的微观教学理论，也是一种关注教师如何帮助学生学习的微观的学习理论，是能够真正促进教学相长的教学和学习理论。将现象图示学的相关理论应用到科学教师教学能力结构模型建构中，既体现了课堂教学中教和学的关系，也体现了课堂教学各个要素之间的关系，及各个要素和学生学习之间的关系。

第二，科学教师课堂教学能力结构模型建构的目的之一是对科学教师的课堂教学能力进行评价。因此，在建构模型时，需要将对课堂教学的评价要素考虑在内。评价是一种基于事实判断的价值判断，事实判断是价值判断的依据和基础，因此，在科学教师课堂教学能力评价中，需要将对科学教师的课堂教学的事实描述作为事实判断的基础，并以此为依据进行价值判断。既然如此，对课堂教学的事实描述就变得极为关键。但是，不同的人对同一事物的看法和描述会有所差别，这主要是因为人们认识世界和理解世界的方式存在差异，这种差异是客观存在的、无法避免的。因此，在对教师的课堂教学能力进行事实描述的时候，需要以现象图示学的相关理论作为事实描述的基准，即从该事实本身与个体的关系出发去体验和认识世界；

从事实的角度出发，去感受和领悟世界，最终将两个不同的视角综合起来对事实做出判断，尽可能全面和客观地还原事实本来的面貌。

第三，科学教师的课堂教学能力是以知识为基底，以行为为外显方式的一种综合性能力。不同的科学教师在知识和技能层面都会存在着差异。因此，在建构科学教师课堂教学能力结构模型时，需要以整体的科学教师应该具有的课堂教学能力为标准进行建构，建构一个统一的、能够在最大范围内适用的能力结构模型。但是，在对不同教龄、不同级别的科学教师进行评价的时候，又不能完全采用单一的标准，不能用专家型教师的水平去评价新手教师，不能用优秀教师的水平去衡量一般教师。因此，在对不同教师的课堂教学能力水平做出评价的时候，需要基于现象图示学相关理论的视角，尽可能去解释教师课堂教学能力差异的原因，建构一个解释的理论，对差异进行分类，通过建立内部常模和外部常模等，尽可能让评价更加客观、公正。

3. 价值观理论

价值观理论最早源于马克思的《资本论》一书。该理论关注的是客体与主体之间的关系。将价值观理论作为科学教师课堂教学能力评价的理论基础是基于以下几个方面的考虑。

第一，科学教师课堂教学能力评价研究是为了更好地认识科学教师应该具有的课堂教学能力，并针对现有的问题制定出相应的改进策略。此外，评价本身也代表着一种客体自身具有的属性及其与主体需求之间的关系。也就是说，在进行评价时需要考虑建构出来的科学教师课堂教学能力结构模型在多大程度上能够满足科学教师自身的需求以及教师评价的需求。将自身的属性和主体的需求都考虑在其中，才能更好地建构出具有价值的科学教师课堂教学能力评价模型，该模型才能被学术界和一线教师所认可和运用。

第二，价值观理论是理论模型建构和教师教学能力评价的核心理论之一，该理论体现了能力结构模型建构的本质，为后续的教师教学能力评价指标的拟定、评价方法的选择、评价结果的解释都奠定了扎实的理论基础。科学教师课堂教学能力结构模型各个要素之间的关系与科学教师课堂教学能力评价之间的关系也体现了一种主客体之间的关系，以价值观理论作为建构各个要素的核心理论，能够体现模型本身和要素之间的关系，以及要素和要素之间、要素和评价之间的关系。所以在建构模型时，需要尽可能考虑能力结构本身和能力要素之间、能力要素和评价要素之间的关系，这样才能更好地将能力模型和评价模型结合起来。

第三，科学教师的课堂教学能力结构模型建构的功能之一就是为后续的教师教学能力评价提供支撑，而评价本身就是一种价值判断。因此，对科学教师的课堂教学能力进行评价的过程就是对科学教师的课堂教学能力结构及其要素做出价值判断的过程，是评价主体对自己与评价客体的价值关系的认识，并以此为基础做出的价值判断。由于科学教师的课堂教学能力评价是一种基于事实判断的价值判断，事实判断源于能力结构本身，价值判断源于评价者对能力结构及其要素的主观认识，因此，在建构能力结构模型并以此为评价依据时，需要充分考虑到能力结构模型自身具有的价值，以及这种价值对教师教学能力评价的意义。这样才能真正做到事实和价值的统一、多元价值和共同价值的统一，才能更好地建构出具有价值的能力结构模型。

以上简要论述的思维型科学课堂教学理论、现象图示学理论、价值观理论是建构科学教师课堂教学能力评价的理论基础，三大理论之间并非孤立存在，而是相互交融的。

首先，思维型科学课堂教学理论为小学科学教师课堂教学能力评价研究奠定了基本的框架。思维型科学课堂教学理论中的思维能力结构模型、课堂教学原理、课堂教学流程，都可以为小学科学教师课堂教学能力评价提供一定的理论支撑，能够为建构评价模型提供科学依据。

其次，现象图示学的相关理论能够为小学科学教师课堂教学能力结构模型的建构，及其后续的应用提供可解释的路径和框架，并能为教师的教学能力评价提供一些科学依据。现象图示学关注的是人们对环境的不同体验，从体验中描述、分析、解释、建构认知，这为后续的教师教学能力评价提供了一种分析的路径。现象图示学的教学理论和学习理论也为科学教师课堂教学能力结构模型的建构提供了合理依据。教师的教和学是一种相互影响、互为支撑的活动。教离不开学，学也离不开教，只有将二者结合在一起，才是真正意义上的教学。科学教师课堂教学能力结构模型的建构既要考虑到教师的教，也要考虑到教师如何帮助学生有效地学，这样才能更好地解释教学能力的内涵和外延。

再次，价值观理论为小学科学教师课堂教学能力评价提供了一种全面、客观的依据和支撑。小学科学教师课堂教学能力评价的建构不仅仅是为了厘清科学教师应该具有的教学能力，还需要以此为依据，帮助科学教师更好地反思自身教学中存在的问题，并有针对性地进行改进，最终的目的是促进教师教学能力的提高以及教育质量的提高。只有这样，评价才能满足一线教师、学术界及相关部门的需求，才能更好地发挥其该有的价值。

最后，这三大理论之间的交互融合共同致力于小学科学教师课堂教学能力评价研究，能为评价奠定大体的框架，提供理论依据和支撑，也能为评价模型的应用、解释提供合理化的依据。总之，思维型科学课堂教学理论、现象图示学理论、价值观理论为小学科学教师课堂教学能力评价提供了框架、支撑和解释的依据。

三、小学科学教师课堂教学能力结构模型建构

（一）小学科学教师课堂教学能力编码信度分析

利用 NVivo 8.0 对相关文献以及一线科学教师行为事件访谈材料进行主题内容的编码分析。根据编码索引和编码手册，本研究采用三位研究者重复、独立编码的方法。为保证编码的一致性程度，在进行统计分析前，先对编码的一致性系数进行了检验，编码的信度系数值为 0.6606—1.0000，编码的平均值为 0.8968，标准差为 0.1052，可知，编码信度达到了可接受的水平，且三人编码的平均值在 0.9 以上，说明编码具有一定的稳定性，能够有效识别小学科学教师课堂教学能力的主要因素。

（二）小学科学教师课堂教学能力重要性程度分析

通过编码手册，研究者对小学科学教师课堂教学能力的要素进行了编码分析，并通过频次计算，界定出要素的重要性程度。界定的标准为：某一项要素出现的频率不低于 25%。研究中共有材料 586 份，在编码的过程中，同一个要素在同一份材料中反复出现，只算 1，不能重复编码，由此，界定的频次为：$586 \times 25\% \approx 147$，总共有 57 项要素符合这一标准，详见表 4。

表 4　小学科学教师课堂教学能力要素

要素名称	频次	频率（%）	排序
引导学生解决典型问题的能力	511	87.20	1
落实教学目标的能力	511	87.20	1
引导学生解决实际问题的能力	506	86.35	3
引导学生应用所学知识的能力	506	86.35	3
引导学生将知识迁移到其他学科的能力	502	85.67	5
展示知识形成过程的能力	501	85.49	6

要素名称	频次	频率（%）	排序
突出学习进阶的能力	501	85.49	6
帮助学生与已有知识联系的能力	499	85.15	8
探究教学中培养学生科学思维的能力	495	84.47	9
探究教学中培养学生科学推理的能力	493	84.13	10
……	……	……	……
根据学生水平选择回答类型的能力	162	27.65	52
根据问题难度判断候答时间的能力	157	26.79	53
灵活设置问题水平的能力	155	26.45	54
教学监控能力	147	25.09	55
教学反思能力	147	25.09	55
调整教学计划的能力	147	25.09	55

注：①研究材料共 586 份。

②选取标准为该重要关注点出现的频率不低于 25%，即不少于 147 次（586×25%≈147）。

③排序一栏中存在次序相同的序号是由于它们的频次相同，故采用同一序号排序，但它同时也占据下一个序号。

从表 4 可知，帮助学生使用所学知识解决典型问题、实际问题并将所学的知识运用到其他学科当中去，对教学目标的设置、落实、调整，对教学内容的解读、运作，在教学中对教学策略的使用……，这些都是目前已有的研究和一线教师较为认可的小学科学教师应该具有的课堂教学能力。

（三）小学科学教师课堂教学能力结构要素的聚类结果分析

1. 构建小学科学教师课堂教学能力要素矩阵

通过对已有文献和一线教师行为事件访谈材料的文本内容进行主题词分析，按照核心能力要素出现的频次，从高到低排序，并以频次高于 147 次的为阈值，筛选出 57 个小学科学教师课堂教学能力要素，以此构建核心能力要素矩阵。通过将 57 个要素两两匹配，统计出他们在 586 份文本材料中同时出现的次数，形成一个 57×57 的矩阵。

2. 小学科学教师课堂教学能力要素聚类结果

通过相关矩阵的转换，转换后的数据可以采用 SPSS 16.0 软件进行聚类分析。

可以将小学科学教师课堂教学能力要素分为以下几类：第一类包括核心要素1、2、3、4、5，主要为教学目标调控能力；第二类为15、16、17、18、19、20，主要为情境创设能力；第三类为6、7、8、9、10、11，主要为教学内容组织能力；第四类为21、22、23、24、25、26、27、28、29、30、31、32，主要为提问解释能力；第五类为50、51、52、53、54、55、56、57，主要为总结和迁移应用能力；第六类为12、13、14，主要为教学特质；第七类为33、34、35、36、37、38、39，主要为探究教学能力；第八类为40、41、42、43、44、45、46、47、48、49，主要为合作论证与评价能力。其中有些类别包含的项目过多，不便于后期研究分析，故将第八类中的48、49和第五类中的50、51、52、53合并为第九类，主要为总结评价能力。

（四）德尔菲法结果分析

为了进一步验证文本资料中分析出来的57个核心要素，研究采用德尔菲法，选取高校从事科学教育的研究者和一线科学教师进行咨询。

1. 专家积极系数

专家积极系数是专家们对该次咨询的参与程度，反映出了专家们对该研究的重视程度和关心程度。本研究总共进行了3轮专家咨询，第一轮发出专家咨询表60份，回收50份，专家积极系数为83.33%。由此可知，专家对于该主题比较关心，也都积极参与该次咨询，详见表5。

表5　专家积极系数

	第一轮	第二轮	第三轮
发出咨询表	60	50	38
回收咨询表	50	38	31
专家积极系数	83.33%	76.00%	81.58%

2. 专家咨询意见集中程度

专家咨询意见集中程度主要通过该项元素对于科学教师教学能力构成要素的重要程度的均数和满分频率的取值范围来确定。均数越大，说明该要素的重要程度越高；满分频率值越接近1，说明专家对该元素给出的满分较多，该元素也越重要。第一轮专家咨询数据的分析结果见表6。

表6　第一轮专家咨询意见集中程度

指标	均数	标准差	满分频率	中数	下四分位点	上四分位点	上下四分位点的差	集中程度
教学目标调控能力	4	0	1	4	4	4	0	<1.05
教学内容组织能力	4	0	1	4	4	4	0	<1.05
教学特质	2.742	0.773	0.194	3	2	3	1	<1.05
情境创设能力	4	0	1	4	4	4	0	<1.05
探究教学能力	4	0	1	4	4	4	0	<1.05
提问解释能力	3.710	0.461	0.710	4	3	4	1	<1.05
合作论证能力	3.742	0.575	0.810	4	4	4	0	<1.05
评价总结能力	3.710	0.461	0.710	4	3	4	1	<1.05
迁移应用能力	3.650	0.486	0.645	4	3	4	1	<1.05

表6的9个指标中，得分均数在3.5分以上的指标有8个，满分频率大于0.5的指标有8个。其中，第三个指标（教学特质）均数为2.742，满分频率为0.194，说明专家对该项指标的集中程度较低，故将其删除。专家指出，应该保留教学目标调控和教学内容组织这两个指标，因为教学目标的确定、教学内容的正确传授都会影响教学效果，也会影响对教师教学能力的评价，应该作为单独的指标，这样便于后期教师评价指标体系的拟定，也便于区分教师的学科教学素养。在57个要素中，得分均数在3.5分以上的要素有42个，占全部要素的73.7%；其中，有15个要素均数均低于3.5分，专家对这15个要素给出的建议是将其合并到相似的要素中，不作为独立的条目。

根据第一轮专家咨询的结果和专家的建议，本研究删除了1个二级指标（教学特质），合并了15个三级指标。在将第一轮专家咨询结果反馈给各位专家的同时，进行第二轮专家咨询。本轮咨询主要针对能力的结构，在对能力要素再次进行咨询的基础上，增加了重要性排序，并以此作为建构小学科学教师教学能力结构的依据。本轮咨询数据的分析结果如表7所示。

表 7　第二轮专家咨询意见集中程度及重要性排序

指标	均数	标准差	满分频率	中数	下四分位点	上四分位点	上下四分位点的差	集中程度	重要性排序
情境创设能力	4	0	1	4	4	4	0	<1.05	5
提问解释能力	4	0	1	4	4	4	0	<1.05	7
探究教学能力	4	0	1	4	4	4	0	<1.05	4
合作论证能力	4	0	1	4	4	4	0	<1.05	5
评价总结能力	3.936	0.250	0.935	4	4	4	0	<1.05	8
迁移应用能力	3.839	0.374	0.839	4	3	4	1	<1.05	2
教学目标调控能力	3.871	0.428	0.903	4	4	4	0	<1.05	1
教学内容组织能力	3.806	0.402	0.806	4	3	4	1	<1.05	3

注：排序一栏中次序相同的序号是由于它们的频次相同，故采用同一序号排序，但它同时也占据下一个序号。

在第二轮专家咨询中，8 项二级指标的均数都在 3.5 分以上，满分频率也均在 0.5 以上，这说明在第二轮专家咨询中，专家的意见较为统一，集中程度较高。在重要性排序中，专家认为教学目标调控能力最为重要，迁移应用能力次之，教学内容组织能力排名第三，探究教学能力排名第四。从重要性程度的排名可知，对于小学科学教师而言，需要以学科教学目标为准绳，通过科学教学着重培养学生的科学思维、科学素养以及问题解决能力。

3.专家咨询权威程度

专家咨询权威程度用 Cr 表示，它是咨询结果可靠性的依据。一般情况下，专家咨询权威程度取决于两个因素，一是专家对方案做出判断的依据（Ca），二是专家对问题的熟悉程度（Cs）。专家咨询权威程度 $Cr=（Cs+Ca）/2$。研究采用自我评价的方式，第一轮专家咨询权威程度结果如表 8 所示。

表 8　第一轮专家咨询权威程度

指标	Ca	Cs	Cr
情境创设能力	0.800	0.948	0.874
提问解释能力	0.800	0.923	0.862

续表

指标	Ca	Cs	Cr
探究教学能力	0.742	0.768	0.755
合作论证能力	0.800	0.929	0.865
评价总结能力	0.800	0.942	0.871
迁移应用能力	0.768	0.845	0.807
教学目标调控能力	0.723	0.813	0.768
教学内容组织能力	0.684	0.819	0.752
均值	0.765	0.873	0.819

第一轮专家咨询中，Ca 均值为 0.765，说明专家对能力指标做出判断的依据较为可靠，Cs 均值为 0.873，说明专家对科学教师的教学能力较为熟悉，Cr 均值为 0.819，说明本次咨询的专家权威程度较高。

根据第一轮专家咨询结果对指标进行修改后，第二轮专家咨询的权威程度均比第一次高。Ca 均值为 0.776，Cs 均值为 0.902，Cr 均值为 0.839，由此可知，本轮专家咨询具有相对较高的权威，咨询结果可靠性较强，精度较高，详见表 9。

表 9　第二轮专家咨询权威程度

指标	Ca	Cs	Cr
情境创设能力	0.800	0.974	0.887
提问解释能力	0.800	0.948	0.874
探究教学能力	0.780	0.955	0.868
合作论证能力	0.800	0.955	0.878
评价总结能力	0.800	0.968	0.884
迁移应用能力	0.781	0.800	0.791
教学目标调控能力	0.735	0.800	0.768
教学内容组织能力	0.710	0.819	0.765
均值	0.776	0.902	0.839

4. 专家咨询意见协调程度

专家咨询意见协调程度反映了专家意见的一致性程度，即该项指标的可靠性程度。专家咨询意见协调程度一般通过计算变异系数和协调系数来判断。通过对两轮的专家咨询数据进行分析得出结果如表 10 所示。

表 10 专家咨询意见协调系数

	第一轮	第二轮
指标个数	57	43
协调系数	0.401	0.629
卡方值	112.004	32.096
p	<0.001	

两轮专家咨询的变异系数均小于 0.2，第一轮专家咨询的协调系数为 0.401，表明专家对科学教师教学能力的指标存在分歧，协调程度稍低；在对第一轮所用指标进行修改后，第二轮的协调系数上升到 0.629，说明专家对指标较为认同，指标可信度也较高。非参数检验的结果显示，两轮专家咨询结果差异显著。综上可知，专家对科学教师教学能力结构和要素的协调程度较高，研究结果可取。

（五）小学科学教师课堂教学能力结构要素分析

研究通过三轮的德尔菲法初步拟定了 8 个二级指标、42 个行为观测点（要素）。二级指标主要通过专家咨询意见的集中程度、变异程度、协调程度、权威程度等结果选取。行为观测点的筛选在综合考虑专家意见的基础上，采用临界值的方式选取。为了避免重要行为观测点被剔除，在选取过程中，行为观测点需满足三个衡量标准：一是行为观测点得分高于满分频率的界值；二是行为观测点得分高于均数的界值；三是行为观测点得分低于变异系数的界值。三个标准均不符合者剔除，三个标准均满足者入选，其中有一个或者两个不满足者，需要充分考虑专家的意见，再进行筛选。筛选结果如表 11 所示。

表 11 科学教师课堂教学能力指标体系

二级指标	三级指标及行为观测点	均数	标准差
教学目标调控能力	核心素养：教学目标设置突出核心素养	3.55	0.72
	学生水平：教学目标设置符合学生水平	3.42	1.03
	系统规划：教学目标的规划完整恰当	3.90	0.30
	弹性设置：可根据实际及时调整目标	3.16	0.78
	目标落实：教学过程中教学目标落实良好	3.80	0.40

续表

二级指标	三级指标及行为观测点	均数	标准差
教学内容组织能力	目标相符：教学内容选择与教学目标相符合	3.71	0.90
	正确解读：教学内容的理解正确无误	3.16	0.90
	知识形成：教学内容突出知识形成的过程	3.48	0.81
	先前知识：教学新知识与已有知识相联系	3.39	0.92
	学习进阶：教学内容体现学习进阶的要求	3.48	0.81
情境创设能力	紧扣内容：情境创设紧扣科学内容	3.61	0.67
	突出重点：情境创设突出教学重点	4.00	0
	发展水平：情境创设适合学生认知发展水平	3.77	0.43
	认知冲突：情境创设引起学生认知冲突	3.13	0.56
	切合实际：情境创设切合生活实际	3.29	0.82
	情感动机：情境创设融入情感，激发内在动机	3.29	0.78
提问解释能力	问题类型：根据知识难易程度选择提问类型	3.16	0.78
	问题水平：根据学生水平灵活设置问题水平	3.29	0.90
	候答时间：根据问题难度灵活判断候答时间	3.35	0.84
	回答方式：根据问题类型和水平选择回答方式	3.26	0.63
	围绕目标：问题提出围绕教学目标	3.00	0.89
	把握梯度：问题提出体现学习进阶的过程	3.55	0.72
	启发思维：问题提出以激发学生思维为主	3.35	0.95
	循循善诱：针对内容引导学生提出科学问题	3.10	0.83
	科学阐释：对学生的问题能给出科学的解释	3.23	0.62
探究教学能力	实验探究：引导学生围绕科学问题进行自主合作探究	3.58	0.50
	激发思考：在探究中激发学生积极思考	4.00	0
	科学认知：引导学生在探究中形成科学的认知	3.45	0.72
	科学推理：引导学生利用分析、比较归纳、演绎、类比等方法进行科学推理	3.55	0.85

续表

二级指标	三级指标及行为观测点	均数	标准差
合作论证能力	合作互动：创设有利于学生合作互动的情境	3.81	0.60
	思维互动：通过高认知问题激发学生思维互动	3.45	0.85
	正面论证：引导学生在论证中提供证据支持自己的观点	3.68	0.48
	反面支持：引导学生在论证中提出证据反驳对方的观点	3.71	0.46
	批判反思：帮助学生通过论证反思自身理论并建构新理论	3.61	0.67
评价总结能力	科学严谨：对学生提出的解释和证据做出科学严谨的评价	3.26	0.93
	引导恰当：基于学生能力，展示学生思维过程，引导学生自我评价、自我总结	3.26	0.93
	结构合理：总结便于学生知识建构的合理学科结构	3.45	0.85
	内容全面：总结涉及知识、方法、经验等	3.55	0.72
	针对性强：总结突出重难点，教会方法	3.55	0.72
迁移应用能力	实践性强：引导学生在具体情境中应用探究的知识和技能解决实际问题	3.74	0.68
	领域相关：引导学生将科学的思维和知识迁移到其他学科和领域中	3.48	0.81
	引导适宜：引导学生用科学探究中学到的知识与方法解决典型问题	3.46	0.69

（六）小学科学教师课堂教学能力模型建构

通过内容分析、聚类分析、德尔菲法得出，小学科学教师的课堂教学能力包括教学目标调控能力、教学内容组织能力、情境创设能力、提问解释能力、探究教学能力、合作论证能力、总结评价能力、迁移应用能力八个核心能力。这八个核心能力之间并非相互独立，而是一个整体。本部分遵循能力结构的要素特点，通过对已有能力结构模型的分析并结合专家咨询的结果，建构小学科学教师课堂教学能力结构模型（图1）。

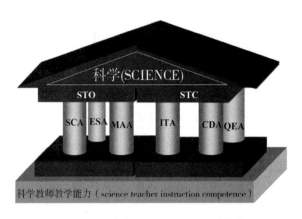

图 1　小学科学教师课堂教学能力结构模型

小学科学教师课堂教学能力结构模型是一个系统的有机整体，在该能力结构模型中，STO 表示的是教学目标调控能力（science teaching objectives control ability），STC 表示的是教学内容组织能力（science teaching content organization ability），SCA 表示的是情境创设能力（situation creation ability），ESA 表示的是评价总结能力（evaluation summary ability），MAA 表示的是迁移应用能力（migration application ability），QEA 表示的是提问解释能力（question explanatory ability），ITA 表示的是探究教学能力（inquiry teaching ability），CDA 表示的是合作论证能力（cooperation demonstrate ability）。

小学科学教师教学能力由多种能力要素构成，各个要素之间相互独立，但也相互交融，它们共同构成一个有机整体。知识和技能是小学科学教师教学能力的基础，隐于整体的能力结构模型中，虽然其不再通过外显的方式呈现，但是小学科学教师在课堂教学中却无时无刻不在使用着知识和技能，且知识和技能是情境创设能力、提问解释能力、探究教学能力、合作论证能力、总结评价能力、迁移应用能力的基底，各项核心能力均需要以知识和技能为根基。而这六种核心能力在整体的能力结构模型中也并非是相互独立的关系，它们之间相互依存、相互作用，共同致力于实现科学教学目标和完成科学教学内容，并最终以教育质量的提高和学生能力的发展为目的。

四、小学科学教师课堂教学能力评价工具的开发

小学科学教师课堂教学能力的评价是一项复杂、多元、难以客观化的项目，这不仅与教师劳动的特点（复杂性、滞后性、长期性等）相关，也与教学活动的特点

有关。因此，开发一个具有建设性的小学科学教师课堂教学能力评价工具十分必要，这样才能确保评价结果的客观、真实、科学、有效。

（一）课堂观察量表的开发

课堂观察评价是一种常用的教师评价的方法，该方法较之于同行评价、领导评价、家长评价等方法而言，更为科学、客观、真实、有效。通过对教师的课堂教学行为进行观察，既能真实地掌握教师的实际教学能力，以此为教师评价的依据，也能通过观察发现教师教学中存在的问题，帮助教师改进教学、提高教育质量。但真实的课堂观察需要投入大量的人力和物力，存在繁多的混淆因素，为了尽可能解决这些问题，本研究采用行为观察测试。行为观察测试以课堂教学观察为原型，将所涉及的相关元素（知识、策略等）进行整合，共同创设一个虚拟的教学情境，对教师在教学情境中做出的决策依据和表现给予相应的评价。本研究遵循最优化原则、可操作化原则、恒常性原则，在小学科学教师课堂教学能力要素和结构建构的基础上，将通过三轮德尔菲法确定下来的核心能力和行为观测点，编制成测查小学科学教师课堂教学能力的课堂观察量表，以此开展行为观察测试。

1. 构建小学科学教师课堂教学能力层次结构

能力层次结构的建立是层次分析法中比较重要的一个环节，即在一定的前提下，将复杂的能力结构拆分成各个不同的要素，并对要素之间的关系进行梳理，使其形成不同的层次结构。每一个层级与其他层级之间是相互联系的，下一个层级隶属于上一个层级，上一个层级隶属于更上一个层级。层级结构一般是自上而下划分的，本研究根据小学科学教师课堂教学能力要素和结构关系，将小学科学教师课堂教学能力从上往下分为：小学科学教师课堂教学能力；教学目标调控能力、教学内容组织能力、情境创设能力、提问解释能力、探究教学能力、合作论证能力、评价总结能力、迁移应用能力；各行为观测点，即指标的细目。

2. 确立小学科学教师课堂教学能力评价指标体系权重

（1）建立小学科学教师课堂教学能力判断矩阵

在建立层级结构的基础上，清晰地划分出各个能力之间的隶属关系，在建立判断矩阵时，下一层某一元素以上一层元素为准则，进行两两比较，比较的意图是确立该下层要素在上层要素中的重要性程度，并以此建立判断矩阵。比如，教学目标调控能力和教学内容组织能力隶属于小学科学教师课堂教学能力，那么就可以建立以小学科学教师课堂教学能力为准则的两两比较的矩阵。A 表示小学科学教师课堂教学能力，B_1 表示教学目标调控能力，B_2 表示教学内容组织能力，B_{11} 表示教学目

标调控能力 × 教学目标调控能力的元素，B_{12} 表示教学目标调控能力 × 教学内容组织能力的元素，同理可推 B_{21} 和 B_{22}。那么两两比较的矩阵如下所示。

$$A = \begin{bmatrix} B_{11} & B_{12} \\ B_{21} & B_{22} \end{bmatrix}$$

重要性程度的确立采用德尔菲法，请专家对同一层级的教学能力要素相对于上一层级的要素的重要性进行两两比较，重要性的标度采用 Saaty1-9 尺度法确立。以情境创设能力为例，通过层次结构可知，情境创设能力下有 6 个评价指标，由此可建立以情境创设能力为准则的比较矩阵，结合德尔菲法的重要性程度，可建立 C1-D 的判断矩阵（表 12），其中 C1 为情境创设能力；D1—D6 为情境创设能力下的 6 个评价指标。

表 12　情境创设能力判断矩阵 C1-D

C1	D1	D2	D3	D4	D5	D6
D1	1	1	1/4	1/7	1/2	1/3
D2	1	1	1/4	1/7	1/2	1/3
D3	4	4	1	1/3	2	2
D4	7	7	3	1	3	4
D5	2	2	1/2	1/3	1	1/2
D6	3	3	1/2	1/4	2	1

判断矩阵中 B_{ij} 的值由 B_i 和 B_j 的德尔菲法两两比较确定。所有的矩阵中，B_{ij} 的值越大，表示其对于 A_i 越重要。

（2）计算小学科学教师课堂教学能力指标权重

通过两两比较得到的矩阵是一个正倒数矩阵，根据 Perron-Frobenius 定理，需要计算出小学科学教师课堂教学能力各判断矩阵的特征向量 W 和最大特征根 λ_{max}，最终可得到各个指标的权重。

首先，计算小学科学教师课堂教学能力各判断矩阵的特征向量 W。

计算判断矩阵的特征向量需要求得矩阵中每一行的乘积 M_i，再求得 M_i 的 n 次方根 $\overline{W_i} = \sqrt[n]{M_i}$，再使用公式 $W_i = \overline{W_i} / \sum_{i=1}^{n} \overline{W_i}$ 计算所有矩阵的特征向量 W。（刘泽林，2012）。

（3）计算小学科学教师课堂教学能力各判断矩阵最大特征根 λ_{max}。

小学科学教师课堂教学能力各判断矩阵最大特征根 λ_{max} 的求解公式为：

$$\lambda_{\max} = \sum_{i=1}^{n} \frac{(AW)_i}{nW_i}，\text{其中} AW \text{为向量。}$$

通过计算小学科学教师课堂教学能力各判断矩阵的特征向量 W 和最大特征根 $\lambda_{\max}$，得到了小学科学教师课堂教学能力观测量表每个指标的权重。

④检验小学科学教师课堂教学能力各判断矩阵的一致性

检验小学科学教师课堂教学能力各判断矩阵的一致性是为了确保上述计算出来的每个指标的权重分配都在合理的范围内，以此说明，专家在对小学科学教师课堂教学能力各个判断矩阵进行两两比较的时候，其对指标的重要性程度的评分是存在一致性的，评分的结果是可靠的，能够用于后续的计算。

CI 值的计算公式为：

$$CI = \frac{\lambda_{\max} - n}{n - 1}$$

一致性比率用 CR 表示，CR 的计算公式为：

$$CR = \frac{CI}{RI}$$

在这个公式中，RI 值可通过查阶数表得出。当 $CR < 0.10$ 时，表明判断矩阵的一致性可以接受；当 $CR \geq 0.10$ 时，表明判断矩阵的一致性不可接受，需要进行修正。通过一致性检验，小学科学教师课堂教学能力各个判断矩阵中的 CR 值均小于 0.10，由此可知，通过德尔菲法建构的判断矩阵的一致性均满足要求，都可以接受。

3. 评价工具之课堂观察量表指标权重分析

本部分使用德尔菲法两两比较，确定了小学科学教师课堂教学能力判断矩阵，并对判断矩阵计算特征向量 W 和最大特征根 $\lambda_{\max}$，确定了小学科学教师课堂观察量表每个指标的权重，再通过一致性检验确保权重分配的合理性，最终得到的观察量表如 13 所示，表中的数据经过归一化处理。

表 13　课堂观察量表指标权重

目标层 A	因素层 C	权重	行为观测点	权重
小学科学教师课堂教学能力 IC	教学目标调控能力 C1	0.375	核心素养：教学目标设置突出核心素养 C11	0.2758
			学生水平：教学目标设置符合学生水平 C12	0.0702
			系统规划：教学目标的规划完整恰当 C13	0.0750
			弹性设置：可根据实际及时调整目标 C14	0.0532
			目标落实：教学过程中教学目标落实良好 C15	0.2758

续表

目标层 A	因素层 C	权重	行为观测点	权重
小学科学教师课堂教学能力 IC	教学内容组织能力 C2	0.125	目标相符：教学内容选择与教学目标相符合 C21	0.0179
			正确解读：教学内容的理解正确无误 C22	0.0107
			知识形成：教学内容突出知识形成的过程 C23	0.0866
			先前知识：教学新知识与已有知识相联系 C24	0.0482
			学习进阶：教学内容体现学习进阶的要求 C25	0.0866
	情境创设能力 C3	0.0584	紧扣内容：情境创设紧扣科学内容 C31	0.0062
			突出重点：情境创设突出教学重点 C32	0.0244
			发展水平：情境创设适合学生认知发展水平 C33	0.0062
			认知冲突：情境创设引起学生认知冲突 C34	0.0510
			切合实际：情境创设切合生活实际 C35	0.0122
			情感动机：情境创设融入情感，激发内在动机 C36	0.0168
	提问解释能力 C4	0.0487	问题类型：根据知识难易程度选择提问类型 C41	0.0045
			问题水平：根据学生水平灵活设置问题水平 C42	0.0045
			候答时间：根据问题难度灵活判断候答时间 C43	0.0023
			回答方式：根据问题类型和水平选择回答方式 C44	0.0025
			围绕目标：问题提出围绕教学目标 C45	0.0117
			把握梯度：问题提出体现学习进阶的过程 C46	0.0201
			启发思维：问题提出以激发学生思维为主 C47	0.0327
			循循善诱：针对内容引导学生提出科学问题 C48	0.0073
			科学阐释：对学生的问题能给出科学的解释 C49	0.0117
	探究教学能力 C5	0.0770	实验探究：引导学生围绕科学问题进行自主合作探究 C51	0.0090
			激发思考：在探究中激发学生积极思考 C52	0.0433
			科学认知：引导学生在探究中形成科学的认知 C53	0.0226
			科学推理：引导学生利用分析、比较归纳、演绎、类比等方法进行科学推理 C54	0.0791

续表

目标层 A	因素层 C	权重	行为观测点	权重
小学科学教师课堂教学能力 IC	合作论证能力 C6	0.0584	合作互动：创设有利于学生合作互动的情境 C61	0.0045
			思维互动：通过高认知问题激发学生思维互动 C62	0.0365
			正面论证：引导学生在论证中提供证据支持自己的观点 C63	0.0196
			反面支持：引导学生在论证中提出证据反驳对方的观点 C64	0.0196
			批判反思：帮助学生通过论证反思自身理论并建构新理论 C65	0.0365
	评价总结能力 C7	0.0128	科学严谨：对学生提出的解释和证据做出科学严谨的评价 C71	0.0124
			引导恰当：基于学生能力，展示学生思维过程，引导学生自我评价、自我总结 C72	0.0064
			结构合理：总结便于学生知识建构的合理学科结构 C73	0.0029
			内容全面：总结涉及知识、方法、经验等 C74	0.0019
			针对性强：总结突出重难点，教会方法 C75	0.0019
	迁移应用能力 C8	0.2448	实践性强：引导学生在具体情境中应用探究的知识和技能解决实际问题 C81	0.1454
			领域相关：引导学生将科学的思维和知识迁移到其他学科和领域中 C82	0.0800
			引导适宜：引导学生用科学探究中学到的知识与方法解决典型问题 C83	0.2641

（二）学生评教量表的开发

学生评教是学生作为评价的主体，对任课教师的教学做出真实评价的方法。学生评教主要采用的评价工具是学生评教量表，该量表的开发和研制也是基于小学科学教师课堂教学能力的要素和结构。

1. 学生评教量表开发的维度

学生评教量表的开发和研制也以小学科学教师课堂教学能力的指标体系为依据。为了尽可能使学生评教的问卷全面反映小学科学教师课堂教学能力的所有维度，也为了使学生更容易理解每一个题项所代表的能力，研究者将各个维度包含的一些具体的内容进行了详细的区分，并根据维度编制了测试的题项，每个维度形成了 8—10 个题项，所有的能力维度总共形成了 72 道初始题项。经过研究者与相关指导专家的讨论与修改，最终确定了 35 道能够代表小学教师课堂教学能力的题项。

为了确保编制出来的量表能够客观、有效地测量小学科学教师的课堂教学能力，研究者选取了两个五年级班的学生进行了小范围的试测，样本共计 100 人，其中男生 49 人、女生 51 人。

2. 项目分析

项目分析的目的是剔除鉴别度低、语句表达有歧义、内容重复的测试题。本研究采用临界比（critical ratio，CR）检验法和同质性检验对试测问卷进行分析。结果显示，大部分测试题的 CR 值均大于 3，差异显著，且大部分测试题和总分之间的相关系数较大，说明这些题目都有较高的鉴别度，可以保留。但是，题项 V21、V30 和 V35 的 CR 值小于 3，差异不显著，相关系数也较低，故删除。

3. 探索性因素分析

本研究对原始变量进行 KMO 和 Bartlett's 球形检验，检验结果显示，KMO 值为 0.861，Bartlett's 球形检验的近似卡方值为 3.073，p 值小于 0.001。之后通过主成分分析，得到原始变量的初始负荷矩阵，通过正交旋转法，得到负荷矩阵。以碎石检验为参照，根据特征值大于 1 的标准，将因子负荷低且离散的题项剔除，最后提取出 9 个因子，其累计解释变异量为 58.33%。将因子负荷离散且分布在两个以上的因子的原始变量剔除后，又进行第二次分析，抽取出 7 个因子，累积解释变异量为 47.89%，因子结构与最初的原始构想一致。第一个因子有 6 个题项，学生评价内容涉及教师对教学内容的传授和目标的设置，故将其归为教学内容组织能力和教学目标调控能力；第二个因子有 3 个题项，学生评价内容涉及教师在课堂教学中所使用的情境创设能力，故将其归为情境创设能力；第三个因子有 7 个题项，学生评价内容涉及教师在课堂教学中的提问，故将其归为提问解释能力；第四个因子有 3 个题项，学生评价内容涉及教师在课堂教学中开展探究性的教学活动，故将其归为探究教学能力；第五个因子有 5 个题项，学生评价内容涉及教师在课堂教学中组织学生进行合作学习、论证交流的能力，故将其归为合作论证能力；第六个因子有 5 个题项，学生评价内容涉及教师在课堂教学中引导学生总结相关知识，并对自己的总结做出评价，故将其归为总结评价能力；第七个因子有 3 个题项，学生评价内容涉及教师在课堂教学中引导学生将所学的知识、技能、方法进行迁移应用的能力，故将其归纳为迁移应用能力。

4.验证性因素分析

学生评教量表是在小学科学教师课堂教学能力要素和结构研究的基础上开发与编制的，并对原始题项进行了初步测试，在综合分析各个因子的基础上进行了题项的筛选，由此可知，该量表具有较好的内容效度。因此本部分主要探讨量表的结构效度。

采用验证性因素分析检验学生评教量表的结构效度，研究选取自由度比 χ^2/df、简约拟合指数 NFI 和 RFI、优度拟合指数 GFI、比较拟合指数 CFI、近似误差均方根 RMSEA 作为验证性因子分析的检验标准。AMOS 分析结果如表 14 所示。

表 14　验证性因素分析的拟合度指数

指标	χ^2/df	NFI	RFI	GFI	CFI	RMSEA
值	2.55	0.961	0.883	0.989	0.990	0.037

从表 14 可知，研究中的各项指标均符合相关系数的要求，χ^2/df=2.55 ≤ 5；RMSEA=0.037，接近于 0；NFI=0.961、RFI=0.883、GFI=0.989、CFI=0.990，均接近于 1。故本研究开发的学生评教量表的拟合度较好，具有较好的结构效度，理论模型与测量实证结构之间基本吻合，能够用于学生评教的测量。

5.信度分析

本研究主要采用克伦巴赫系数（Cronbach）与重测信度来测量学生评教量表的信度。Cronbach 系数的取值在 0—1 之间，Cronbach 系数越接近 1，说明学生评教量表的信度越高，测量出的结果越可靠。一般情况下，Cronbach 系数低于 0.6，则说明量表的信度较低，不能用于测量。本研究通过使用 Cronbach 检验得出总量表的系数为 0.901。此外，为了能够精确检验学生评教量表的信度，在距离初次测试一个月后，又抽取了一个班的学生进行了重测。重测结果显示，重测信度为 0.896。通过对比两次测试的结果，能够判断出该量表具有很好的信度，能够用于大规模的学生评教测量。

（三）增值性评价测试卷

增值性评价是一种新兴的教师评价方法，被广泛用于教师评价和问责。该方法不同于传统的教师评价，它通过复杂的增值模型，将教师的教学效果和学生的学业成就联系起来，通过模型计算，推算出教师的教学为学生学业成就带来的增值情况，以此来对教师的教学做出合理的判断。增值性评价测试卷的开发主要以学生学业成就评价量表的开发为主。

1. 学生学业成就评价量表维度的确定

学生学业成就评价量表开发和研制的依据包括小学科学教师课堂教学能力要素和结构、各国科学课程标准、国际上三大学生测量项目及科学教学和学习科学本质。

（1）小学科学教师课堂教学能力要素和结构

小学科学教师课堂教学能力评价工具开发和研制的目的是通过多视角、多维度、多主体的方式对小学科学教师的课堂教学能力做出客观、公正的评价。工具的开发和研制必须以小学科学教师课堂教学能力为基本的维度。

（2）各国科学课程标准

各国科学课程标准是开发和研制学生学业成就评价量表的另一个核心依据。研究对比分析了美国、英国、澳大利亚、加拿大、新加坡、德国、日本、新西兰、韩国、中国 10 个国家的小学科学课程标准（纲要）。

各国均已将能力的培养放入了小学科学课程的标准之中，并突出了能力培养的重要性。各国的科学课程标准主要包含以下几个方面的内容：①探究能力；②问题解决能力、思维能力、科学学习能力、识图能力、推理能力；③基于证据的解释或对现象的描述；④对所学知识的迁移应用；⑤了解和理解相关的科学事实、概念、原理等；⑥交流合作能力；⑦能够识别并提出科学问题；⑧了解实验设计的原则，了解数据精确度的重要性；⑨科学、技能、社会、环境的相互联系。这些共同的要求对我们编制和开发学生学业成就评价量表具有十分重要的意义。

（3）国际上三大学生测量项目

目前国际上三个比较权威的学生科学素养测量项目分别是国际学生评估项目（PISA）、国际数学和科学趋势研究（TIMSS）和美国国家教育进展评估（NAEP）。这三大国际学生测量项目测试的结果具有很好的国际比较性，测试的内容也十分持续和稳定，测试的主题均符合科学核心素养和学生的能力发展需求，能够很好地区分学生的能力水平，因此，在国际上有较高的权威。对比分析这三大国际学生测量项目，能够对开发和研制小学科学教师课堂教学能力评价工具之学生学业成就量表提供依据。

国际上三大学生测量项目在科学素养方面都有相似的地方，均强调学生对科学概念的理解和学生的科学学科能力。在测试内容领域中，三大项目都涉及地球科学、物质科学、生命科学这三大领域，PISA 多了一个技术科学领域。在测试能力领域/认知领域中，三大项目均强调：①学生对科学知识的理解和应用；②学生对科学问题的辨识和提出；③学生基于证据的解释、推理、交流；④学生对科学技能、方法的掌握和使用；⑤学生的问题解决能力、探究能力、学习能力等。这些共同的要素对开发和研制学生学业成就评价量表具有十分重要的意义。

（4）科学教学和学习科学本质

科学教学的最终目的是让学生学会相关的科学知识、概念、原理；能够学会使用相关的科学推理、探究、论证等解决科学问题；能够学会使用相关的科学证据和术语解释或描述相关的科学现象；能够将科学思维、方法、技能迁移应用到典型问题、相关学科、日常生活之中，真正会科学地解决问题，用科学解决问题。学习科学的最终目的也包括两个方面，一是学习相关的科学知识、方法、技能、态度等，二是学会科学地学习，也就是说，学习是科学的，有方法指导的行为，不是盲目的、无意义的行为。结合科学教学和学习科学的最终目的，可将其本质凝练为以下几点。

第一，"大概念""核心概念""相关概念"的教学和学习。教学和学习是一个双边活动，是在一定的知识、概念、原则的基础上进行的活动，目的是认识、了解、理解、运用这些相关的科学概念、知识和原理。不管是教师的科学教学，抑或是学生的学习科学，均需要以此为基础进行，因此，"大概念""核心概念""相关概念"的教学和学习是科学教学和学习科学的本质之一。

第二，科学推理、科学研究、科学论证等能力的掌握和使用。在以科学知识、概念、原理为基础的科学教学和学习科学中，教师需要引导学生学会使用科学证据进行推理，学会科学探究的技能，学会使用科学术语、科学数据来论证自己的观点或反驳别人的观点，学会使用科学知识、原理解释科学现象和解决相关的科学问题。也就是说，对相关的科学技能、方法的掌握和使用是科学教学与学习科学的另一个本质。

第三，科学思维能力的养成。科学思维能力是科学教学和学习科学中最核心的本质要求。科学教学是为了使学生学会相关的知识、技能、方法，会将所学用到本学科或其他领域、学科之中。而这一切都需要科学的思维能力指引和对自身学习的监控。思维是教学和学习的核心，是教学的本质要求，也是学习的本质要求。因此，在科学教学和学习科学中，科学思维能力的培养也是最为核心的本质要求，学习和掌握是一切科学知识、概念、原理、方法、技能、态度等的本质属性。

综上，研究将学生学业成就评价量表编制和测试的维度拟定为以下几个方面：科学知识、概念的掌握，科学技能和方法的使用，科学思维的运用。

2. 学生学业成就评价量表的试测

以上述框架为指导，研究编制了学生学业成就评价量表，并选取了 2 个五年级教学班的学生作为被试进行测试。学生样本共计 100 人，其中男生 49 人，女生 51 人。

3. 学生学业成就评价量表的质量分析

用 SPSS 16.0 和 Excel 对收集到的数据进行分析，主要分析学生学业成就评价量表的难度、区分度和信度。

难度是指该量表的难易程度。难度用 P 表示，$P \leq 0.15$ 说明题目很容易；$0.15 < P \leq 0.4$ 说明题目难易程度适中；$0.4 < P \leq 0.8$ 说明题目较难；$P > 0.8$ 说明题目很难。难度的计算公式为：

$$P = 1 - \frac{\overline{X}}{K}$$

式中：K 为试卷的满分，$\overline{X}$ 为 100 个学生的平均分。

将本次测试的平均分代入公式，得 $P = 0.2$，说明该量表的难易程度适中。

区分度是指量表对学生学业成就水平差异的区分程度。区分度一般用 D 表示，$D > 0.4$ 说明量表有很好的区分度；$0.3 \leq D \leq 0.4$ 说明量表的区分度一般；$D < 0.3$ 说明量表的区分度较差。量表的区分度越高则说明量表越能区分出学生的能力水平，反之亦然。用学生卷面成绩排名的前后 25% 划分出高分组和低分组，前 25% 的学生组用 H 表示，后 25% 的学生组用 L 表示。区分度的计算公式为：

$$D = \frac{X_H - X_L}{N(H - L)}$$

式中，D 为区分度，X_H 为高分组学生的卷面总分，X_L 为低分组学生的卷面总分，N 为高低分组的学生样本量。

代入公式得 $D = 0.97$，说明量表具有很好的区分度，能够区分出不同学业成就水平的学生。

信度分析是为了确保量表的稳定性和可靠性，用 SPSS 16.0 软件对数据进行分析得到该次测试的信度为 0.867，说明该量表的信度较好，测量结果可靠。为了能够精确地检验该量表的信度，在距离初次测试一个月后，又抽取了一个班的学生进行了重测，重测信度为 0.883。通过对比两次测试的结果，能够判断出该量表具有很好的信度，能够用于大规模的学生学业成就评价。

（四）小学科学教师课堂教学能力评价模型建构

结合小学科学教师的课堂教学能力结构模型、评价工具开发和研制的研究结果，采用系统设计的理念，构建出小学科学教师课堂教学能力评价模型。该模型建构的理念是在保证质量的基础上，促进教师的专业发展。模型框架包括能力结构、评价工具、结果呈现和实施过程四个部分，具体如图 2 所示。

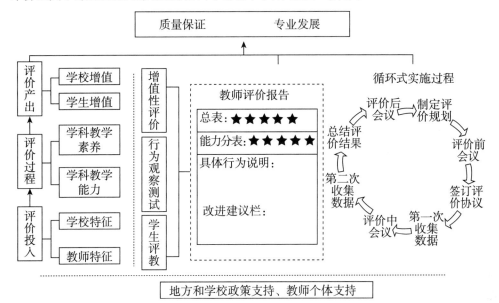

图 2　小学科学教师课堂教学能力评价模型

该模型中，每一个运作的层级结构在为其他层级结构提供支持的同时，自身也在接受其他层级结构的支持，各层级结构共同构成一个稳固的层次关系链。评价框架由"评价投入—评价过程—评价产出"构成。其中评价投入包括两个部分，学校特征和教师特征。学校特征包括学校类别、学校目标、学校资源三部分，教师特征包括教师学历、教师教学年限、教师性别、任教科目、教育信念五个部分。学校自身拥有的资源、学校办学的目标以及学校的类别都能够影响教师评价目标的制定。学校自身具有的组织结构功能特性，能够使学校特征和教师特征共同作用于学校和学生的增值。作用机制便在于投入和产出的运作过程，即教师的课堂教学实践。教师评价过程层面包括学科教学素养和学科教学能力两个部分，是教师评价的关系链。系统模型中采用的评价方法有行为观察测试、增值性评价和学生评教三种。但是，行为观察只能观察到教师对某一个情境的处理，不能了解教师为什么这样做，以及这样做能给学生的学习带来怎么样的效果。因此，在行为观察测试的同时，还需采用增值性评价的方法，将教师的行为观察与学生的增值情况结合起来评价教师对学生的贡献。二者的结合能够判定教师的行为及其对学生学习产生的效果，但不能判定教师的哪些行为引起了学生学习的变化。因此，在结合这两种方法的基础上，使用学生评教的方法，通过了解学生真实而长期的感受，评价教师对学生学习的具体影响，这样既能对教师的某些行为进行解释，也能增加教师评价的客观性。教师评价报告主要回应以下几个问题：教师在整个群体中处于什么水平？教师本人在同行中处于什么水平？教师在同教龄段的群体中处于什么水平？教师在哪些地方比较优秀，哪些地方还需改进以及如何改进？评价结果采用"五星级评价报告"的方式，报告包括总表、能力分表、建议栏三个部分。总表是对该教师的总体评价，能力分表是对该教师每个能力模块的评价，建议栏是根据该教师的具体情况提出的一些改进建议。星级评定综合使用内部常模和外部常模相结合的方式，对同一个教师在整体和部分之间的层级进行评价，并以星级数量进行区分。五星为卓越、四星为优秀、三星为熟练、二星为一般、一星为再次审核。循环式过程包括制定评价规划、评价前会议、签订评价协议、第一次收集数据、评价中会议、第二次收集数据、总结评价结果、评价后会议、再次制订评价规划……评价的最终目的是促进教学质量提升和教师专业发展。教师评价的实施需要地方和学校政策支持以及教师个体支持。

五、小学科学教师课堂教学能力综合评价

一个建设性的教师评价体系应该包括多种数据来源，如专家审查、同行督导评价、课堂观察、学生成绩等，将多种方式用于教师评价的过程，增强其客观性（White，2013），能使教师评价体系更加严密。整个教师评价体系应该有"清晰的效能标准，使用多种评级，坚持管理人员有规律的判断，并且专业评价人员需要频繁地给教师相应的反馈"（Sledge，Pazey，2013）。这样才能达到以评促教的目的，真正将评价与改进教学相结合，实现评价的引导、反馈、激励功能。行为观察测试能够直接观察到教师的课堂教学管理和技能等方面的相关信息，但是却难以对教师的教学设计意图、效果做出评价。增值性评价通过增值模型能够计算出教师的课堂教学效果的"净效应值"，从分值上判断出教师课堂教学的效果，弥补课堂行为观察的不足。但是增值性评价不能得出教师的哪些行为导致学习取得高于预期或低于预期效果的信息（Hinchey，2010），由此，需要使用学生评教的方式对教师的课堂教学能力做出评价，从学生感知的视角去评价教师的课堂教学。

因为学生是教师课堂教学最真实的感受者，他们能够提供教师教学的常态信息，但是该种方法受学生群体的影响较大，学生的年龄、人数、知识量等都会影响其对教师的评价。由此，必须辅以具有专业知识的课堂观察员对教师做出评价。三种评价方式互为补充，结合起来使用能够对教师的课堂教学做出公正、客观的评价。

（一）三种评价方法权重计算结果

首先，计算权重需要构建三种评价方法的层级结构。通过系统设计评价模型评价方法，将三种评价方法拆分成不同的要素，对要素的关系进行整理，使其形成一个上下级的层级关系。将系统设计评价模型中的评价方法进行层级划分。最高层为目标层，也就是系统设计评价模型；第二层为准则层，包括行为观察测试、增值性评价、学生评教三个方面；第三层为子准则层，包括每种评价方法的具体内容。本研究主要的目的是计算出三种评价方法在整体模型中的权重，因此，只需要对第一层和第二层的关系进行计算即可。

其次，建立各种评价方法的判断矩阵。因为行为观察测试、增值性评价、学生评教三种评价方法隶属于系统设计评价模型，所以就可以建立一个以系统设计评价模型为准则的行为观察测试、增值性评价、学生评教两两比较矩阵。在比较矩阵的基础上，需要专家对矩阵中的行为观察测试、增值性评价、学生评教三个要素相对于上一层要素系统设计评价模型的重要性程度进行两两比较，重要性的标度采用Saaty1-9尺度法确立，最终得到判断矩阵。

再次，计算指标权重。通过各判断矩阵的特征向量 W 和最大特征根 a_{max} 的计算，能够得出系统设计评价模型中每个指标的权重。

最后，检验系统设计评价模型各判断矩阵一致性。检验系统设计评价模型各判断矩阵的一致性是为了确保上述计算出来的每个指标的权重分配都在合理的范围内，以此说明，专家在对系统设计评价模型各个判断矩阵进行两两比较的时候，其对指标的重要性程度的评分是存在一致性的，评分的结果是可靠的，能够用于后续的计算。

通过一致性检验，系统设计评价模型各个判断矩阵中的 CR 值均小于 0.10，由此可知，通过德尔菲法建构的判断矩阵的一致性均满足要求，都可以接受。

（二）小学科学教师课堂教学能力综合得分计算

1. 小学科学教师课堂教学能力评价信息汇总情况

根据系统设计评价模型，研究采用行为观察测试、增值性评价、学生评教三种评价方法对小学科学教师的课堂教学能力进行评价。三种方法优势互补，能很好地运用于比较复杂的教师课堂教学能力评价。三种方法对应三种评价工具，即课堂观察量表、学生评教量表、学生学业成就评价量表。三种量表收集三种不同的数据。每一种数据代表一个评价的视角，通过三方论证的方式对教师的课堂教学能力做出客观、公正的评价。将每一种评价方法所得的分数对应于每一位教师，能够得出三个得分。但由于每一种评价方法所得到的分数单位不一样，不具有可比性，因此需要对三种评价方法得到的原始分数进行处理，将其转化为满分为 100 分的分数。三种评价方法中，学生学业成就评价量表的分数满分为 100 分，因此该量表得分无须转化。

2. 小学科学教师课堂教学能力综合得分

小学科学教师课堂教学能力的综合得分为课堂观察量表得分、学生评教量表得分、学生学业成就评价量表得分三种分数的综合。研究根据层次分析法计算出了每一种评价方法在系统设计模型中的重要性信度，也就是每种方法的权重。经过分数转换，将每种评价的分数转换为满分为 100 的分数。这两个部分的计算为小学科学教师课堂教学能力综合分数的计算做了基础性的工作。通过加权公式，得到小学科学教师课堂教学能力的综合得分和每一种评价方法的加权分数。

通过加权计算，既可以区分三种评价方法在整体系统设计评价模型中的重要性程度，也能够避免采用一种评价方法的绝对性，能够使评价结果更加可靠。

（三）教师课堂教学能力评价结果

依据综合得分的情况，采用内部常模和外部常模相结合的方式，能够对小学科学教师的课堂教学能力做出较为客观、公正、科学、严谨的评价，对样本的特征及样本与整体样本的关系进行合理判断。

1. 样本基本情况评价结果

依据综合评价得分，采用内部常模的评价方法，对 64 位小学科学教师得分进行排序和分析，结果如表 15 所示。

表 15 小学科学教师综合评价得分

序号	HZ10	HZ24	HZ32	XA03	HZ05	XA02	HZ03	HZ31	XA10
分数	87.75	87.15	85.16	83.91	77.50	74.97	68.74	68.64	68.48
排名	1	2	3	4	5	6	7	8	9
序号	HZ16	HZ18	XA11	XA19	HZ33	XA16	HZ09	XA12	HZ21
分数	68.46	67.13	66.16	65.61	64.92	62.64	61.85	61.83	61.28
排名	10	11	12	13	14	15	16	17	18
序号	XA15	HZ01	XA31	XA25	XA08	XA27	HZ28	HZ14	HZ26
分数	60.53	57.92	57.69	57.31	56.79	56.09	55.05	54.75	54.33
排名	19	20	21	22	23	24	25	26	27
序号	HZ27	XA23	HZ17	XA04	HZ11	HZ30	HZ29	XA29	XA21
分数	52.35	52.16	51.96	51.78	51.74	51.56	51.27	51.20	51.18
排名	28	29	30	31	32	33	34	35	36
序号	HZ12	HZ06	HZ15	HZ13	XA14	HZ02	XA24	HZ19	HZ22
分数	51.07	51.01	50.94	50.26	50.22	50.14	50.13	49.40	49.40
排名	37	38	39	40	41	42	43	44	45
序号	XA09	HZ23	HZ07	HZ04	XA30	HZ25	HZ08	XA28	XA20
分数	49.16	49.07	48.98	48.77	48.75	48.06	47.56	47.51	47.50
排名	46	47	48	49	50	51	52	53	54
序号	XA26	XA01	XA06	HZ20	XA18	XA22	XA13	XA05	XA17
分数	47.25	46.77	46.76	45.70	45.37	45.11	44.95	44.88	44.70
排名	55	56	57	58	59	60	61	62	63
序号	XA07								
分数	41.81								
排名	64								

注：M=56.24。

通过对比内部常模可知，64 位小学科学教师中，仅有 23 位小学科学教师的课堂教学能力综合评价得分在常模之上，这 23 位小学科学教师中，HZ 市的教师有 12

位，XA 市的教师有 11 位。从分值上看，HZ 市和 XA 市的教师并无多大区别。有 41 位小学科学教师的综合得分在常模之下，说明本次所调查的样本中，大部分小学教师的课堂教学水平比较低。在目前基础教育学科教学的背景下，科学学科属于基础性的综合学科，其学科地位低于语文、数学、英语学科。学科地位的差异，制约了该学科的发展。

第一，师资水平。小学科学学科的师资水平较之于语文和数学学科而言，是相对较弱的。该学科很少有具备专业的科学教育背景的教师，大部分教师都是从其他学科转来的，他们的教育背景与科学学科尚有一定的差距。因此，在面对一些专业性较强的科学知识时，很多小学科学教师难以用学生能够理解的方式阐释清楚。在本次调查的小学科学教师中，仅有极少数是有科学教育背景的，且主要是刚入职不久的新手。而大部分小学科学教师的学科背景都不是科学教育，而是计算机、信息技术、农学、化学、物理等。学科背景的差异影响小学科学教师的课堂教学效果，也影响学生的科学学习。科学教育背景的小学科学教师相对较少的现状，不仅与该学科的学科地位有关，还与高等院校的专业设置有关。从 2001 年开始至 2009 年，教育部已经批准了 62 所高校开设科学教育专业。但是到 2015 年仅剩 47 所高校仍在开设科学教育专业。目前仅有陕西师范大学设有以科学教育专业为二级学科的博士点，而其他院校的科学教育博士点多是在课程与教学论专业下开设一个方向。院校的学科设置与科学教师的培养有着极大的关系，从目前的高校专业设置来看，培养的科学教师数量难以满足基础教育对科学教师的需求。这也是造成目前小学科学教师多是兼职，或多是其他学科背景的原因。

第二，学校支持。学校对学科的支持是该学科发展、壮大起来的强大助力。但是，从目前小学科学教育学科的发展和小学科学教师教育的发展来看，学校给予的支持还是相对较少的。在调查过程中，研究者与小学科学教师的访谈也证实了这一点。以一位教师的访谈材料为例：

"学校对自身的专业发展没有给予太大的支持，我们平时要进行教学，教学任务很重，根本没有时间去进修或者学习，有时候去向学校请假出去学习都很困难。学校很少会支持科学学科的教师出去学习、进修。此外，科学教师很少，一个萝卜一个坑，如果走了一个，那么他的课就空缺下来了，就需要其他人去帮忙上课，但是目前学校的每个老师课时都很满，根本没办法也没精力再去接其他人的课，这也是学校不支持科学老师出去学习的一个原因吧。还有就是，我们学科不像语文、数学学科，他们的交流、学习机会比较多，学校也比较重视，会积极支持他们去学习交流，毕竟那是小升初很重要的考试科目，对学校的综合排名很重要，所以学校也会大力去支持他们的专业发展，老师们专业能力提高了，学科自然也能发展起来了。"（2016年4月15日与C老师的访谈）

第三，社会认可。社会认可是影响学科专业发展和高校学科专业设置的一个重要因素。科学的重要性无疑已被社会所认可，但是作为基础课程的小学科学课却在一定程度上并未被社会所认可。这是一个很矛盾但真实存在的情况。许多国际教育和教育学术研究者都在科学学科的重要性上达成了共识，但是这一共识却没有得到社会范围内极大的支持。很多家长甚至认为科学学科是副科，不属于小升初考试的科目，学生没必要在上面花费太多的时间和精力。这样的认识阻碍了学科的发展和教师教学能力的发展。在与科学教师的访谈中，L教师说：

"我们学科发展太艰难了，学校不支持，家长也不支持。不支持也罢了，还经常去校长那里诉说我们科学老师给学生的任务太多，占用了学生的学习时间，影响了学生小升初的备考。其实，我们哪有布置很多任务？我们最多就是让学生回家里去，让家长帮忙准备一下第二天上课所需要的材料，比如说土豆、萝卜、回形针等这些家里都有的材料。可是就这家长都不准备、不配合，很多学生第二天上课什么都没拿来，不拿材料就没办法做实验，肯定会影响我们的课堂教学效果。我们科学课也和其他学科一样，要做作业。可是我们的作业都是让学生在课堂上做完的，从不会让他们带回家里去做。因为带回去的作业经常收不回来。学校还要检查作业，丢了一本都是老师的责任，我们就只能利用上课的时间去做作业。因为只有科学课的时间是属于我们的，其他的时间都是没办法占用的。听说明年开始小升初考试里科学占10分，真希望这10分能够改变我们这个学科的发展啊！"（2016年4月20日与L老师的访谈）

2. 不同类别小学科学教师的课堂教学能力评价结果

本部分主要采用综合评价的得分，对小学科学教师的特征变量进行对比分析，并结合内部常模评价和外部常模评价的方式对不同类别小学科学教师的课堂教学能力做出合理的判断。

（1）不同性别小学科学教师的课堂教学能力综合评价结果

性别是目前基础教育中不可回避的一个现实问题。男女教师性别比例的失衡已经极大影响了基础教育的师资配备情况。本研究进行了t检验，分析了不同性别小学科学教师的课堂教学的差异情况，结果见表16。

表 16　不同性别小学科学教师课堂教学能力综合评分 t 检验

	男 （n=24）		女 （n=40）		t
	均值	标准差	均值	标准差	
行为观察测试	40.52	12.86	36.04	8.82	1.653
学生评教	5.73	0.719	5.76	0.60	0.151
增值性评价	13.14	1.38	12.55	1.38	1.683
综合评分	59.40	13.46	54.34	9.11	1.631

可见，不同性别的小学科学教师在课堂教学能力上并无显著差异，也就是说，男性教师和女性教师在课堂教学能力上的评分是大致相同的。这个结论和教师社会性别的推论一致。在教师的教育教学实践中，教师的生理性别逐渐消逝，取而代之的是趋同化的社会性别。男性教师和女性教师所接受的学科训练和培养是一致的，并无差异。一旦社会性别被赋予之后，社会秩序将建构个体的社会性别规范和期待，并迫使个体遵循。个体可以改变社会性别中的一些因素，可以暂时或永远改变自己的性别，但是他们必须使自己符合社会认同的少数社会性别类型。在这个过程中，他们重构了社会的男女观念。（沈奕斐，2005）

（2）不同教龄小学科学教师的课堂教学能力综合评价结果

教龄是影响教师课堂教学能力差异的一个主要因素。普遍意义上，教师的课堂教学能力都是在长期的教育教学实践中养成的。由此，教师的教龄与教师的教学能力之间存在密切的联系。基于此，本部分对教龄进行了 ANOVA 检验，分析了不同教龄小学科学教师的课堂教学差异情况，结果见表 17。

表 17　不同教龄小学科学教师课堂教学能力综合评分 ANOVA 检验

	1—5 年 （n=24）		6—10 年 （n=14）		11—15 年 （n=12）		16 年以上 （n=14）		F
	均值	标准差	均值	标准差	均值	标准差	均值	标准差	
行为观察测试	32.82	4.45	40.33	13.32	37.54	12.76	43.65	10.48	3.893*
学生评教	5.53	0.58	5.68	0.63	5.97	0.77	5.99	0.54	2.255
增值性评价	12.00	1.04	13.25	1.23	13.32	1.18	13.15	1.76	4.631**
综合评分	50.35	4.78	59.27	13.77	56.83	12.60	62.79	10.68	5.034**

注：* 表示 $p < 0.05$，** 表示 $p < 0.01$，*** 表示 $p < 0.001$，后同。

可见，不同教龄小学科学教师的课堂教学存在显著差异，差异主要表现在行为观察测试、增值性评价和综合评分上。教师的教龄能够影响教师的课堂教学能力，但不会影响学生对教师的评价。不同教龄的教师在其职业生涯中所关注的对象有所差异，且其教学效能感也会随着教龄的增长而有所变化。这两个因素便是影响不同教龄小学科学教师的课堂教学能力的主要因素。

（3）不同学校类型小学科学教师的课堂教学能力综合评价结果

学校类型之间的差异主要体现在两个方面：一是学校为教师提供的资源和配置，二是学校的生源情况。资源和配置能够给教师更多学习和提高的机会，也能给教师课堂教学更多的支持。而生源情况主要体现在家庭对学校教育的支持和配合上。这两个因素对教师的课堂教学有一定的影响。本部分对不同学校类型小学科学教师的课堂教学能力综合评价得分进行了差异检验，结果如表 18 所示。

表 18　不同学校类型小学科学教师课堂教学能力综合评分 t 检验

	重点 （$n=34$）		一般 （$n=30$）		t
	均值	标准差	均值	标准差	
行为观察测试	39.23	11.22	36.01	9.87	1.212
学生评教	5.92	0.61	5.54	0.62	2.472*
增值性评价	13.27	1.53	12.20	0.98	3.265**
综合评分	58.42	11.49	53.76	10.31	1.701

从结果可知，不同学校类型小学科学教师在学生评教和增值性评价上存在显著差异，但是在行为观察测试和综合评分上无显著差异。学生评教和增值性评价的差异主要由不同学校的生源结构差异所致。上述章节中，通过对学生的家庭背景、父母职业进行调查，发现重点学校的学生和一般学校学生父母职业差别很大，前者主要是事业单位、公务员、国企员工等，而后者主要是工人、销售员、商贩等。职业分工的差异主要源于其受教育程度，而这种差异会"再制着"他们对子女的教育理念和经费投入。由此，两类学校的学生在学校的教育教学中也表现出差异。如重点学校的学生更善于和教师互动，思维清晰、表达流畅，更容易获得老师的青睐和取得学业的成功。相反，一般学校的学生不善于和教师交流互动，主要是被动、接受式学习，在学业成就上会稍差于重点学校的学生。

3. HZ市和XA市小学科学教师课堂教学能力评价结果

HZ市和XA市的文化、教育理念上的差异，对教师的课堂教学和学生的思想观念都有很大影响。这种影响不仅表现在学生的学业成就上，更重要的是表现在他们对问题的看法、思维能力、行动决策力等方面。研究对HZ市和XA市的小学科学教师课堂教学能力综合评分进行检验，得到如表19所示结果。

表19 不同地区小学科学教师课堂教学能力综合评分 t 检验

	HZ市 （n=33）		XA市 （n=31）		t
	均值	标准值	均值	标准值	
行为观察测试	38.51	11.77	36.88	9.42	0.611
学生评教	5.93	0.58	5.55	0.65	2.529*
增值性评价	13.73	1.16	11.75	0.759	8.053***
综合评分	58.18	11.98	54.17	9.89	1.455

从结果可知，HZ市和XA市两个地区的教师在学生评教和增值性评价得分上存在差异。这种差异主要源于两个地区的文化和教育理念上的差异。HZ市地处沿海，其城市文化开放、多元，学生思想更为开放、包容，更能用多重视角去分析现象和解决问题。而XA市地处内陆，文化理念较为保守、单一，学生思维更加固化、保守。这样的差异不仅影响着他们对科学教师的评价，也会影响着他们的科学学习。此外，不同的教育理念也是造成差异的根源。HZ市的教育理念是一种多元的理念，致力于将学生培养成为具有多元智能的新世纪人才，德、智、体、美、劳全面发展的素质教育理念被很好地贯彻和实施。XA市的教育理念相对而言比较保守，主要以文化课的学习和培养为主，其他课程必须要"让位"于文化课。这样的理念差异也必然会导致学生学业成就的差异。

（四）教师课堂教学能力评价报告

教师评价的最终目的不是对教师进行排序、甄别、奖惩，而是在确保质量的同时促进其专业发展。这样的评价不仅能够消除教师的"抵触"心理，也能够帮助教师发现自身存在的问题，最终实现专业能力的提升。基于这样一个目的，本研究在对教师进行评价之后，将教师的综合评价结果形成一份五星级评价报告，报告中涉及教师教学能力水平与群体水平的关系，教师每个核心能力与群体核心能力的关系，教师的课堂教学主要存在的问题，该如何解决问题，等等。

教师评价报告以信函、邮件等方式寄回给 64 位被评价者，在信函和邮件中，研究者对本次评价的最终目的、评价工具、教师的每一项评分、数据处理方式等都进行了详细的说明，以此帮助教师了解该份评估报告的由来。在信函和邮件的最后，研究者留下了联系方式，以便解答教师在本次评估中遇见的问题和便于后续再次进行评估。

六、研究结论

第一，整体评价中，64 位小学科学教师里仅有 23 位教师的课堂教学能力综合评价得分在常模之上，有 41 位教师的综合得分在常模之下，说明小学五年级科学教师的整体课堂教学能力评价得分稍低。

第二，不同性别的小学科学教师在课堂教学能力上并无存在显著差异，也就是说，男性教师和女性教师在课堂教学能力的评分上是大致相同的。

第三，不同教龄段小学科学教师的课堂教学存在显著差异，差异主要表现在行为观察测试、增值性评价和课堂教学能力综合评分上。

第四，不同类型学校小学科学教师在学生评教和增值性评价上存在显著差异，但是在行为观察测试和课堂教学能力综合评分上无显著差异。

第五，HZ 市和 XA 市在学生评教和增值性评价上存在显著差异。

七、研究讨论

（一）研究局限

每个研究都会存在局限和不足，正是这些局限和不足，推动了后续研究的展开和深化。本研究的局限主要在于领域和样本的特殊性，这些特殊性在一定意义上是为了更加精细地针对领域特殊性问题进行探讨，但在另一个意义上也限制了研究的推广。

1. 研究自身的局限

本研究主要调查和分析的是小学五年级科学教师的课堂教学能力，所选择的研究对象为科学教师，且结合了教师的一般性和科学教师的特殊性进行分析与评价，这样做的目的是凸显小学科学教师这个群体与学校其他教师的区别，但也限制了本研究结果在其他学科领域内的推广。

2. 数据收集的局限

本研究的样本为 HZ 市和 XA 市 64 位小学五年级科学教师，地区差异限制了本研究结论的推广。此外，由于时间限制，本研究不能对所选择的样本进行二次循环评价。

（二）未来展望

针对研究存在的局限，期望后续研究能对本研究继续修正和改进。

本研究小范围的样本限制了结果的推广，在后续的研究中，研究者将力图扩大样本量，在大范围内对研究结果进行验证和修订，以期能够研制和开发出更为科学、合理的模型和测评工具。此外，未来的研究可以扩大学科领域，通过多种方法和途径，建构出教师评价一般理论框架和模型，以此推动教师评价和教育评价的改革，让评价更加科学、客观、严谨、有效。

参考文献

林崇德，胡卫平，2010. 思维型课堂教学的理论与实践 [J]. 北京师范大学学报（社会科学版）（1）：29-36.

刘泽林，2012. 基于层次分析法的普通高校体育教师教学能力评价指标体系研究 [J]. 山东体育科技（6）：67-69.

彭明辉，2008. 现象图析学与变易理论 [J]. 教育学报（5）：33-38。

戚业国，陈玉琨，2002. 学校发展与教师的专业发展 [J]. 教育理论与实践（8）：27-31.

沈奕斐，2005. 被建构的女性：当代社会性别理论 [M]. 上海：上海人民出版社 .

赵中建，1999. 全球教育发展的历史轨迹：国际教育大会 60 年建议书（1934—1996）[M]. 北京：教育科学出版社 .

CAMPBELL D T, FISKE D W, 1959. Convergent and discriminant validation by the multitrait-multimethod matrix［J］.Psychological Bulletin, 56（2）：81-105.

HINCHEY P H, 2010. Getting teacher assessment right：what policymakers can learn from research [R]. National Education Policy Center.

SLEDGE A , PAZEY B L，2013. Measuring teacher effectiveness through meaningful evaluation：can reform models apply to general education and special education teachers？ [J]. Teacher Education and Special Education，（36）3：231-246.

HU W P，2002. A scientific creativity test for secondary school students［J］. International Journal of Science Education，24（4）：389-403.

WHITE S A，2013. A comparison of teacher evaluation，student surveys and growth scores to identify effective teaching traits [D]. Wingate：Wingate University.

>> 教师教育和教师发展

西部地区乡村小学新任教师入职适应现状调查报告 [①]

◉ 赵学欢　薛正斌

摘　要：本研究以西部地区乡村小学新任教师入职适应问题为研究对象。首先，基于相关教育理论，建立了乡村小学新任教师入职适应评价指标，从心理适应、生存适应、文化适应、人际适应和专业适应五个维度建立了相应的一级、二级评价标准。其次，通过问卷调查法与访谈法，不仅对样本学校新任教师的性别、专业背景、学历、教龄、任职情况、周课时量等基本情况进行了大量的调查，而且从心理适应、生存适应、文化适应、人际适应、专业适应、入职培训现状与需求方面对乡村小学新任教师入职适应进行了调研，发现他们主要存在以下适应问题：从教动机不纯、生活环境艰苦、学校文化氛围不佳、人际关系处理不当、专业发展存在困境等。同时，通过分析调查结果发现，教育制度政策因素、教师个人因素、教师职业因素、乡村学校环境因素以及乡村教师队伍建设因素对乡村小学新任教师入职适应均有显著影响，如教育政策保障落实不到位、教师的性别角色差异、学校工作氛围不和谐、师资力量紧缺等。最后，针对目前乡村小学新任教师入职适应存在的问题，依据相关理论，提出建立和完善乡村小学新任教师入职制度、营造和谐的工作氛围、提高乡村小学新任教师入职适应能力，使其以乐观积极的态度正确对待入职适应期的各项挑战，尽快适应教师职业，提高乡村教育质量。

关键词：西部地区；乡村小学新任教师；职业适应；影响因素；对策

作者简介

赵学欢，宁夏师范学院教育科学学院教育硕士研究生。

薛正斌，陕西师范大学教育学博士，宁夏师范学院教授、师范教育研究中心副主任，电子信箱：lingzixzh@163.com。

①　基金项目：2019年度教育部人文社会科学研究西部和边疆地区规划基金项目"西部民族地区连片特困区'乡村教师支持计划'政策实施效果及改善研究"（项目批准号：19XJA880009）；宁夏高等学校一流学科建设（教育学学科）资助项目"乡村小学新任教师入职适应问题研究"（项目编号：NXYLXK2017B10）。因研究需要，文中所用一些地名为化名。

Investigation Report on the Current Situation of New Teachers' Entry Adaptation in Rural Primary Schools in West China

Zhao Xuehuan   Xue Zhengbin

Abstract: In this study, new teachers in rural primary schools have obvious maladjustment and typical representativeness. First, based on relevant education theories, the evaluation indicators of new rural teachers' onboarding adaptation were established, and the corresponding primary and secondary evaluation criteria were established from five dimensions of psychological adaptation, survival adaptation, cultural adaptation, interpersonal adaptation and professional adaptation. Secondly, through questionnaire surveys and interviews, not only a large number of surveys were conducted on the basic situation of new teachers in the sample schools, including gender, professional background, educational background, teaching age, employment status, and weekly class hours, but also from psychological adaptation, survival adaptation, cultural adaptation, interpersonal adaptation, professional adaptation, on-the-job training status and needs. The current status of the new teachers in rural primary schools has been investigated and found that they mainly have the following adaptation problems: impure teaching motivation, difficult living environment, poor school cultural atmosphere, interpersonal relationships' improper handling, professional development dilemma, etc. At the same time, through the analysis of the survey results, it was found that education system policy factors, teacher personal factors, teacher career factors, rural school environment factors and rural teacher team building factors all have a significant impact on the recruitment of new teachers in rural primary schools.For example, the implementation of education policy guarantees is not in place, differences in gender roles of teachers, discordant school work atmosphere, shortage of teachers, etc. Finally, in terms of the existing problems in the recruitment of new teachers in rural primary schools, based on the relevant theories, it is proposed to establish and improve the system of recruiting new teachers in rural primary schools, create a harmonious working atmosphere, and improve the adaptive capacity of new teachers in rural primary schools. Teachers should be correctly deal with the challenges of the on-boarding adaptation period, adapt to the teacher's occupation as soon as possible, and improve the quality of rural education.

Key Words: west China; new teacher in rural elementary school; occupational adaptation; influence factor; countermeasure

Author:

Zhao Xuehuan, graduate student in education at the School of Education Science, Ningxia Normal University.

Xue Zhengbin, the doctor of education of Shaanxi Normal University, deputy director of the Teacher Education Research Center of Ningxia Normal University, and professor of Ningxia Normal University. e-mail: lingzixzh@163.com.

一、研究缘起

近年来，随着我国城乡义务教育一体化、乡村教育振兴计划、《乡村教师支持计划（2015—2020 年）》等一系列政策的实施，乡村教育日益成为教育研究的热点，很多研究者开始关注乡村教师这一特殊群体。新任教师作为教师队伍的新生力量，能为基础教育增添活力。但西部地区乡村小学新任教师在入职初期普遍会面临适应问题，这些问题极大地降低了他们的留任率。大部分教师一般会在 3—5 年的服务期满时离开乡村小学，甚至有小部分教师会因为入职适应不良选择离开教师岗位。这不仅不利于教师自身的专业发展，还不利于西部乡村教师队伍稳定，加剧了地区、城乡基础教育的不均衡，严重影响了基础教育公平。因此，乡村小学新任教师入职适应问题成为西部地区基础教育发展亟待解决的问题。

（一）基础教育对乡村教师专业发展的诉求

教育部等五部门印发《教师教育振兴行动计划（2018—2022 年）》（以下简称《计划》）。《计划》提出，教师教育是教育事业的工作母机，是提升教育质量的动力源泉。要改善教师资源供给，促进教育公平发展。加强中西部地区和乡村学校教师培养，重点为边远、贫困、民族地区教育精准扶贫提供师资保障。小学阶段正处于九年义务教育的基础阶段，是学生成长的关键时期。2021 年 9 月，教育部发布统计数据，我国教师总数达到 1792.97 万人，比上年增加 60.94 万人，增长 3.52%。每年都有大量的新任教师进入小学教师队伍，他们中的很大一部分在乡镇任教，其入职适应状况不仅影响自身的专业发展，还与乡村教育事业的发展有着紧密联系。西部乡村小学新任教师的入职适应研究有助于提升教师专业素质，回应基础教育对乡村小学教师专业发展的诉求。

（二）乡村小学缺乏对新任教师的有效培训

《计划》提出，要建立健全乡村教师成长发展的支持服务体系，高质量开展乡村教师全员培训，努力为乡村学校培养"下得去、留得住、教得好、有发展"的合格教师。乡村小学新任教师为乡村教师队伍注入了新鲜血液，增添了活力。但他们必然会经历入职适应期，也就是教师专业发展的关键期。在培训乡村小学新任教师时，不仅要关注教师的专业发展，更需要落实立德树人的根本目标，遵循教育规律和教师专业发展规律，积极关注他们的真实诉求。目前，乡村小学新任教师承担与老教师同等的或更多的工作量。从培训方式来看，大多数乡村学校依然采用传统的"以老带新"的方式。由于缺乏恰当、科学的评价机制，培训效果并不明显。尽管乡村学校也针对新任教师开展了一系列教研活动，但较为形式化，忽视了他们真实的需求。这些都从侧面反映出乡村学校对于新任教师没有合理定位，相关的教师培训方式也缺乏针对性与时效性。因此，通过乡村小学新任教师入职适应研究，探寻解决此类问题的良方迫在眉睫。

（三）乡村小学新任教师入职适应问题亟待解决

新任期是教师专业发展的初始阶段，也是最具挑战和困难的阶段。由于乡村学校的工作环境比较艰苦，乡村小学新任教师更容易面临来自现实的冲击，在课堂教学、班级管理、人际关系等方面出现适应不良问题，甚至会因此离职。即便这些适应不良的乡村小学新任教师选择继续留任，不良的工作初体验也会继续产生负面影响。笔者的一些朋友在本科毕业后选择到乡村学校任教，目前正处于工作的前两年。笔者在与他们的日常交流中发现，有相当一部分教师认为乡村学校地处偏远，交通不便，发展落后，没有长期留任的打算。加上教师职业忙碌而辛苦，待遇不高，学校管理制度严格，他们不能很好地适应教育教学工作，间歇性萌生脱离教师岗位的想法。乡村小学新任教师的入职适应问题将严重阻碍其专业发展，从而影响乡村教师队伍稳定和乡村教育质量。因此，应加快对乡村小学新任教师入职适应问题的研究，以帮助他们顺利度过教师适应期。

（四）个人研究兴趣

笔者一直就读于师范类院校，所学专业为小学教育，对教师职业有较为深刻的认识，今后的职业规划是成为一名扎根于教育一线的人民教师。但当前社会依然缺乏对教师职业的准确认识，过分强调教师作为"人类灵魂工程师"的社会价值与"传道授业解惑"的工具价值，忽视其个人价值，缺乏对他们的人文关怀。在这样的社会大环境下，西部偏远乡村的小学新任教师在入职初期会面临更大的考验。

另外，笔者通过对教师入职适应问题长达两年的关注发现，乡村小学新任教师在入职初期的确存在诸多适应问题，也在顶岗实习中切身感受到了他们的困惑与迷茫。因此，笔者对乡村小学新任教师的入职适应产生了浓厚的研究兴趣。

二、核心概念界定

（一）新任教师

新任教师是指已完成职前教师教育，获得教师资格证书，并于一所公立学校任教不满 2 年的教师。界定原因如下：首先，进入公立学校工作的前两年，是教师适应职业的关键期，这期间的教育实践将极大地影响其教学态度与未来期望达到的教学水平。其次，入职 1—2 年的新任教师是出现适应问题最多的，长期处于适应困境的新任教师甚至会离开教师岗位。一位新任教师的离职就意味着另一位新任教师的入职，这种更替一旦成为普遍现象，将导致学生不断处于适应新老师的状态，不仅阻碍学校正常教学工作的开展，还会影响学生的发展。最后，笔者认为不能将"新任教师"与"新手教师"一概而论。"新任教师"是入职 1—2 年的教师，是相对于教师的职业适应状况而言的，与其对应的是"老教师"；"新手教师"一般是指入职 1—5 年的教师，与其对应的是"专家型教师"，主要从专业能力进行区分。因此，本研究提出，"新任教师"是"新手教师"的初始阶段。新任教师以应届毕业生为主，初入职场的他们尚未体验过教师角色，会不可避免地经历入职适应期。

（二）乡村小学新任教师

乡村小学新任教师是已完成职前教师教育，获得了相应的教师资格证书，在乡村小学工作不满 2 年，尚未形成较强的教学效能感和教学监控能力的教师。笔者的研究对象是乡村小学新任教师，将教龄限定为 2 年以内，主要是由于样本省份的大部分乡村小学新任教师都必须在乡村学校任教 3—5 年。小学共分为三个学段，每个学段需要 2 年的时间才能完成教学。因此，乡村小学新任教师在入职的前 2 年，一般能完整地接触一个学段的教材，将教学设计运用于课堂教学，基本了解和把握课堂教学环节，也会对学校的工作环境和人际关系有较深的体验。

（三）教师入职适应

教师入职适应指新教师在任教的前 2 年，积极调整心理状态，能够适应学校的生活环境与教学环境，建立新的人际关系，充分发挥自身的专业知识与技能，胜任教育教学工作，最终顺利完成师范生到教师的角色转变，逐渐从"关注生存"过渡到"关注专业发展"。

三、研究思路与方法

首先，通过分析国内外关于新任教师入职适应问题的相关研究，基于相关教育理论，构建乡村小学新任教师入职适应评价指标，设计调查问卷和访谈提纲，为现状调研提供理论支撑与研究工具。

其次，选取我国西部地区五省份的部分乡村小学新任教师作为研究对象，深入了解乡村小学新任教师的适应现状，分析其出现适应问题的原因及影响因素。

最后，在上述研究的基础上，依据相关理论，探寻促进乡村小学新任教师入职适应的对策与建议，有效解决他们在入职期遇到的各项适应问题，以促进其专业发展，推进教师队伍建设，提升乡村基础教育教学质量。

（一）样本选取

由于西部地区的乡村地处偏远、经济欠发达、学校设施相对落后等，乡村小学新任教师在入职后往往会遇到更多的适应问题。为了全面、真实地了解西部地区乡村小学新任教师的入职适应现状，本研究采用分层抽样的方法，从陕西延安市、甘肃白银市、青海海东市、宁夏固原市和四川广元市各选取 2 个县（区），每个县（区）按照较好乡（镇）和偏远乡（镇）两个层面抽取约 100 名样本教师，共抽取 1030 名样本教师。这些样本教师面临着西部地区乡村小学新任教师入职适应的共同问题。

本研究以陕西延安市的洛川县和黄龙县、甘肃白银市的会宁县和靖远县、青海海东市的乐都区和平安区、宁夏固原市的隆德县和西吉县、四川广元市的苍溪县和朝天区为调查研究对象，主要基于以下几方面的原因：第一，我国西部域广阔，而个人之力微薄，无法进行全方位的调查和研究；第二，所选样本教师均来自西部地区或国家贫困地区的乡村，具有西部地区乡村小学新任教师入职适应的代表性和典型性；第三，笔者出生并长期生活在四川广元市乡村，乡村小学有笔者的朋友，便于收集和了解相关资料，使调查数据更具有可靠性；第四，笔者是宁夏师范学院在读研究生，对宁夏地区的小学新任教师的入职情况有较深的了解。

（二）研究工具

1. 指标体系建构

本研究依据相关理论，结合对乡村小学新任教师入职适应的现状调研，从五个维度构建了乡村小学新任教师入职适应评价指标，主要包括一级和二级评价指标（表1）。

表1 乡村小学新任教师入职适应评价指标

一级指标	二级指标
心理适应	职业认同感、工作满意度、角色转换、心理健康
生存适应	自然环境、生活条件
文化适应	学校的教学设施、学校的管理制度、教师的群体文化、教风学风、当地的风俗文化
人际适应	与学生、学生家长、同事和学校领导的沟通交流能力
专业适应	专业理念、专业知识、专业能力

2. 问卷编制

本研究使用的调查问卷是自编问卷，基于上述指标制定，主要包括乡村小学新任教师的基本情况、适应现状和入职培训现状及需求三大板块。问卷共有24道题目，第22、23、24题为多选题，主要包括7个方面：基本情况（第1、2、3、4、5、6题）、心理适应（第7、8、9、10题）、生存适应（第11、12题）、文化适应（第13、14、15题）、人际适应（第16、17、18、19题）、专业适应（第20、21、22题）、入职培训现状及需求（第23、24题）。由于适应现状的题目是依据乡村小学新任教师入职适应评价指标编制的，为了保证其科学性与实效性，本研究利用SPSSAU对问卷的相关题目进行信效度检测（不含多选题）。

3. 问卷的信度与效度

（1）信度

①预测试问卷的信度

为了确保问卷具有可信度，笔者在正式发放问卷之前，选择G市部分乡村小学新任教师作为被试进行了小范围的预测试，对5个一级适应指标进行了A—E的编号处理，利用SPSSAU对该问卷的信度进行了检测，表2是相关检测结果。

表2 乡村小学新任教师入职适应现状预测试问卷的 Cronbach 信度分析

名称	校正项总计相关性（CITC）	项已删除的 α 系数	Cronbach α 系数
A1	0.557	0.842	

续表

名称	校正项总计相关性（CITC）	项已删除的 α 系数	Cronbach α 系数
A2	0.827	0.826	
A3	0.236	0.858	
A4	0.531	0.849	
B1	0.750	0.830	
B2	0.785	0.830	
B3	0.144	0.860	
C1	0.107	0.862	
C2	0.488	0.846	0.855
D1	0.578	0.844	
D2	0.449	0.848	
D3	0.369	0.852	
D4	0.681	0.838	
E1	0.568	0.841	
E2	0.310	0.855	
标准化 Cronbach α 系数：0.854			

从表 2 可知：预测试问卷的信度系数值为 0.855，大于 0.8，说明该问卷信度较高。针对"项已删除的 α 系数"，任意题项被删除后，信度系数并不会有明显的上升，因此说明题项不应该被删除。A3（您明确教师的职责和义务吗？）对应的CITC 值介于 0.2 和 0.3 之间，说明其与其余分析项之间的关系较弱，因为是预测试分析，可针对此项进行修正后再收集正式数据；B3（您能否按质按量完成教学工作？）和 C1（您能否自觉遵守学校的规章制度？）对应的 CITC 值小于 0.2，说明其与其余分析项的关系很弱，因为是预测试分析，既可以删除，也可以修正后再收集数据；D3（您能否与同事有效沟通并建立良好关系？）和 E2（您在上课之前都会精心备课吗？）对应的 CITC 值小于 0.4，由于是预测试分析，可针对此项进行修正后再收集正式数据。

综上所述，预测试问卷信度质量高，只要经过适当修改，即可作为研究工具使用。

②正式问卷的信度

为了提高问卷的信度，笔者对预测试问卷中 CITC 值较低的题目进行了修改。将 A3"您明确教师的职责和义务吗？"修改为"您能否自觉履行教师的职责与义务？"；由于 B3 设计不合理，笔者对其采取删除处理；将 C1"您能否自觉遵守学校的规章制度？"修改为"您能否接受学校的管理制度？"；预测试问卷中遗漏了文化适应的一道题目，正式问卷中因此增设了 C3"您能否融入任教学校的教师群体文化？"。另外，笔者结合部分被试的反馈意见，进一步修改了正式问卷。表 3 是正式问卷的信度分析。

表 3　乡村小学新任教师入职适应现状正式问卷的 Cronbach 信度分析

名称	校正项总计相关性（CITC）	项已删除的 α 系数	Cronbach α 系数
A1	0.531	0.837	
A2	0.526	0.837	
A3	0.469	0.840	
A4	0.313	0.858	
B1	0.534	0.836	
B2	0.307	0.849	
C1	0.502	0.838	
C2	0.688	0.827	
C3	0.451	0.841	0.848
D1	0.467	0.840	
D2	0.603	0.832	
D3	0.545	0.836	
D4	0.639	0.830	
E1	0.460	0.841	
E2	0.356	0.845	
标准化 Cronbach α 系数：0.858			

由表 3 可知，本研究正式问卷的 Cronbach α 系数为 0.848，大于 0.8；所有项的 CITC 值均大于 0.3，说明该问卷的信度高，其获得的数据可做进一步分析。

（2）效度

效度研究用于分析研究项是否合理、有意义，本研究的效度分析使用因子分析，分别通过 KMO 值、共同度、方差解释率、因子载荷系数等指标进行综合分析，以验证问卷的效度。如果 KMO 值大于 0.8，则说明效度好；如果 KMO 值介于 0.7 和 0.8 之间，则说明效度较好；如果 KMO 值介于 0.6 和 0.7 之间，则说明效度一般；如果 KMO 值小于 0.6，说明效度较差。另外，效度分析要求问卷通过 Bartlett 球形检验（对应 p 值需要小于 0.05）。常见的删除题项的标准有两项；一是共同度值低于 0.4（有时以 0.5 为标准）；二是分析项与因子对应关系出现严重偏差（周俊，2020：49－66）。

①预测试问卷的效度

第一轮测试中，笔者在 S 省 N 学院的 2018 级教育科学学院毕业生微信群发放了预测试问卷，回收了 27 份有效问卷。笔者对预测试问卷进行了效度分析，表 4、表 5 是相关的效度分析。

表 4　乡村小学新任教师入职适应现状预测试问卷的效度分析

名称	因子载荷系数				共同度（公因子方差）
	因子 1	因子 2	因子 3	因子 4	
A1	0.533	0.425	−0.053	0.139	0.487
A2	0.638	0.565	0.143	0.185	0.731
A3	−0.127	0.387	0.781	−0.066	0.730
A4	0.249	0.868	−0.137	0.045	0.837
B1	0.651	0.467	0.102	0.164	0.679
B2	0.370	0.717	0.365	0.202	0.824
B3	−0.044	0.027	0.873	−0.007	0.766
C1	0.179	−0.387	0.836	0.177	0.912
C2	0.598	0.183	−0.078	0.209	0.441
D1	0.893	−0.019	0.083	−0.055	0.808
D2	0.712	0.097	0.198	−0.336	0.669
D3	0.353	−0.137	0.352	0.599	0.627
D4	0.786	0.263	−0.212	0.276	0.808

续表

名称	因子载荷系数				共同度（公因子方差）
	因子 1	因子 2	因子 3	因子 4	
E1	0.515	0.383	-0.086	0.283	0.504
E2	-0.010	0.358	-0.057	0.775	0.731
特征根值（旋转前）	5.586	2.466	1.503	1.099	–
方差解释率（旋转前）	37.241%	16.437%	10.021%	7.327%	–
累积方差解释率（旋转前）	37.241%	53.678%	63.699%	71.026%	–
特征根值（旋转后）	4.035	2.695	2.489	1.434	–
方差解释率（旋转后）	26.898%	17.969%	16.597%	9.563%	–
累积方差解释率（旋转后）	26.898%	44.866%	61.463%	71.026%	–

从表 4 可知，所有研究项对应的共同度值均高于 0.4，说明研究项信息可以被有效提取。4 个因子的方差解释率值分别是 26.898%、17.969%、16.597%、9.563%。这意味着以上所有研究项的信息量都可以被有效地提取出来。

表 5　乡村小学新任教师入职适应现状预测试问卷的 KMO 和 Bartlett 检验

KMO 值		0.616
Bartlett 球形检验	近似卡方	227.042
	df	105
	p 值	0.000

从表 5 可以看出，使用 KMO 和 Bartlett 检验对预测试问卷进行效度检验，其 KMO 值为 0.616，介于 0.6 和 0.7 之间，测量问卷的研究数据效度一般。预测试问卷中的样本量低于 30，笔者猜想这是导致预测评问卷效度一般的主要原因。

②正式问卷的效度

为了提高问卷的效度，笔者在正式问卷测评时将样本量增至 1030，回收有效问卷 1005 份，表 6 是正式问卷的效度检验情况。

表 6 乡村小学新任教师入职适应现状正式问卷的 KMO 和 Bartlett 检验

KMO 值		0.842
Bartlett 球形检验	近似卡方	1130.587
	df	105
	p 值	0.000

从表 6 可以看出，KMO 值为 0.842，大于 0.8，p 值小于 0.05，足以证明正式问卷获得的研究数据效度非常好。

综上，本研究使用的自编问卷《乡村小学新任教师入职适应现状调查问卷》（见附录）的信度为 0.848，效度为 0.842，该问卷具有较高的信度与效度，可以作为研究工具，利用其收集的数据可做进一步分析。

另外，笔者以访谈的形式与部分样本学校新任教师进行了深度交流，以深入地了解他们在入职期遇到的各种适应问题、入职培训现状与真实需求，从而更加全面细致地分析影响其入职适应的各类因素。同时，为了保障研究结果的客观性与真实性，笔者还选择了样本所在学校的部分老教师作为访谈对象，询问他们关于新任教师入职的评价与建议。

（三）数据收集、处理与分析

本研究针对西部地区 5 省份的样本教师共发放调查问卷 1030 份，回收 1030 份，其中有效问卷 1005 份，有效回收率为 97.6%。

对问卷调查获得的数据资料采用 SPSSAU 软件进行分析处理，采用了频度分析和相关分析的统计方法。

对获得的相关教师访谈资料均采用质性分析方法，以说明乡村小学新任教师入职适应现状。

四、研究结果与讨论

（一）样本教师的基本情况

本研究通过问卷调查，获得了西部地区样本教师的基本情况，主要包括性别、专业背景、学历、教龄、任职情况、周课时量。

相关调查结果显示，样本教师中，男教师有 195 人，女教师有 810 人，分别占总数的 19.40% 和 80.60%。其中，645 人是师范生，360 人是非师范生，分别占总数的 64.18% 和 35.82%；大专学历 100 人，本科学历 890 人，研究生学历 15 人，分别占总数的 9.95%、88.56% 和 1.49%；教龄在 1 年以下的有 650 人，1—2 年的有 270 人，2 年以上的有 85 人（含职前教龄），分别占总数的 64.68%、26.87% 和 8.46%；担任班主任的有 575 人，未担任班主任的有 430 人，分别占总人数的 57.21% 和 42.79%。周课时量在 1—10 节以内的有 80 人，11—20 节的有 720 人，超过 20 节的有 205 人，分别占总数的 7.96%、71.64% 和 20.40%。

综上，教师职业的特殊性，致使男女教师人数相差较大。大部分样本教师具有师范专业背景且学历以本科为主，他们系统地学习过教育教学理论知识，接受过教师专业技能培训，参与过教育实习，具备一定的专业基础。但由于教龄不长，缺乏教学经验，再加上乡村学校地理位置相对偏远、学校的教学设施条件有限、工作量大等因素，他们在入职初期必然会遇到一些适应问题。

（二）样本教师入职适应的现状调查

1. 心理适应

（1）职业认同感

表 7 显示，在样本教师中，非常喜欢教师职业的有 160 人，占总人数的 15.92%；喜欢教师职业的有 775 人，占总人数的 77.11%；不喜欢教师职业的有 70 人，占总人数的 6.97%。

表 7　乡村小学新任教师喜欢教师职业的程度

类型	非常喜欢	喜欢	不喜欢
人数（人）	160	775	70
比例（%）	15.92	77.11	6.97

为了验证调查结果的真实性，笔者对部分样本教师进行访谈，以下是相关访谈资料。

（2019 年 11 月 25 日 13 时，G 市 S 镇 Y 小学，M 老师）M 老师在 Y 小学工作一年半了，目前负责两个年级的数学课程，当问及她选择教师职业的原因时，她说："我觉得老师其实并不是社会上定义的什么'人类灵魂的工程师''园丁''蜡烛'，也只不过一种谋生的职业。其实我并不喜欢教师这个职业，只不过是受专业限制，毕竟本科学的是小学教育，除了教小学生，我好像也不知道自己能做什么。"

大部分乡村小学新任教师都比较认同教师职业，但不排除部分教师尚未认识到教师职业的特殊性，不喜欢教师职业。如果说乡村教育是一座大厦，乡村教师就好比螺丝钉，职业认同感就如同螺帽，只有螺丝钉与螺帽牢牢地拧在一起，他们才能深深地扎根于乡村教育事业，实现个人价值。

（2）工作满意度

从表 8 可以看出，在样本教师中，对工作表示非常满意的有 85 人，占总人数的 8.46%；满意的有 765 人，占总人数的 76.12%；不满意的有 155 人，占总人数的 15.42%。

表 8　乡村小学新任教师工作满意度

类型	非常满意	满意	不满意
人数（人）	85	765	155
比例（%）	8.46	76.12	15.42

针对这一问题，部分样本教师的访谈资料如下。

（2019 年 11 月 27 日 13 时，G 市 P 镇 L 小学，C 老师）C 老师是师范学校毕业生，入职后，负责两个班的语文课、一个班的英语课。当问及她是否满意目前的工作状态时，她说："我其实不太满意现在的工作，尽管之前一直很喜欢教师职业，认为教书育人是一件有意义的事。可是理想很丰满，现实却很残酷。村小的办学条件很差，难以满足正常的教学需求。另外，我总感觉在村小工作特别让人瞧不起。况且，我目前教语文和英语两门课，还是不同学段，教学内容特别容易混淆。"

（2019 年 12 月 1 日 18 时，B 市 L 县 K 小学，H 老师）H 老师性格比较内向，但看得出来她十分热爱教育事业，谈到现在的工作状态时，她说："不太满意当老师，之前我认为教师是太阳底下最光辉的职业，在学生时代就立志要当老师。但是上班后，每天都是做不完的班主任工作，教学工作反倒成了次要，违背了我当老师的初衷。"

由于职前理想与职后现实存在差异，一些乡村小学新任教师在任教之初产生了明显的心理落差，陷入了"热爱教师职业"却"不满意教师工作"的矛盾状态。

（3）角色转换

初登讲台的乡村小学新任教师，首先面临的是师范生到教师的角色转换，能否自觉履行教师的职责与义务可以作为其角色转换的参考依据。

表 9 显示，在样本教师中，完全能自觉履行教师职责与义务的有 285 人，占总

人数的 28.36%；能自觉履行教师职责与义务的有 710 人，占总人数的 70.65%；不能自觉履行教师职责与义务的有 10 人，仅占总人数的 1.00%。由此可见，几乎所有样本教师都能自觉履行教师的职责与义务，他们初步完成了从师范生到教师的角色转变。

表 9　乡村小学新任教师能否自觉履行教师的职责与义务

类型	完全能	能	不能
人数（人）	285	710	10
比例（%）	28.36	70.65	1.00

（4）心理健康

乡村小学新任教师的心理状态直接影响他们的教育教学工作状态，也是评价其入职适应水平的重要参考标准。以下将结合问卷调查结果与访谈资料对样本学校新任教师的心理状态做进一步分析。

通过表 10 可知，样本教师从教以后，经常感到轻松愉悦的有 225 人，占总人数的 22.39%；不喜不悲的有 515 人，占总人数的 51.24%；紧张焦虑的有 215 人，占总人数的 21.39%；抑郁自闭的有 50 人，占总人数的 4.98%。由此可见，大部分样本教师入职后的心理状态为不喜不悲，仍有约 1/4 的乡村小学新任教师在入职后长期处于紧张焦虑、抑郁自闭的状态，这也反映他们出现了严重的教师职业适应不良。

表 10　乡村小学新任教师的心理状态

类型	轻松愉悦	不喜不悲	紧张焦虑	抑郁自闭
人数（人）	225	515	215	50
比例（%）	22.39	51.24	21.39	4.98

为了进一步了解教师职业适应不良情况，笔者对部分乡村小学新任教师进行了访谈，以下是相关访谈材料。

（2019 年 11 月 25 日 18 时，Y 市 S 小学，N 老师）N 老师性格内向，沉默寡言，访谈时几乎都是一问一答。当问及她入职后的心情时，在她旁边的同事说："这个问题确实是问对人了，N 老师最有发言权。"N 老师说："我上岗后，面对大量的学校工作，心里总像绷着一根弦。刚入职那段时间，我整天郁郁寡欢，也没有教学热情，晚上经常偷偷地躲在被窝里哭。"

（2018年11月25日20时，H市X小学，Y老师）Y老师说："我感觉当老师太劳心费神了，几乎所有时间都被繁杂的工作占据，工作中没有人可以帮我，我好想哭。昨天去看心理医生，医生说我患上了中度抑郁症，只有我才知道原因。"

综上，一些教师抗压能力弱，遭遇打击后开始自我怀疑、消极逃避、止步不前，这样持续悲观的心境不仅会损害其身心健康，还会阻碍教育教学工作正常进行。

2.生存适应

乡村小学新任教师的生存适应主要指向其能否适应学校的生活环境。以下将结合问卷调查数据与访谈获得的资料进行分析。

（1）自然环境

本研究中的自然环境主要包括地理位置、气候等，乡村小学新任教师能否适应当地的自然环境，甚至会决定其是否留任。

从表11可以看出，在样本教师中，非常适应工作地自然环境的有80人，占总人数的7.96%；比较适应工作地自然环境的有745人，占总人数的74.13%；不适应工作地自然环境的有180人，占总人数的17.91%。由此可见，仍有一部分教师不适应工作地的自然环境。

表11　乡村小学新任教师能否适应工作地的自然环境

类型	非常适应	适应	不适应
人数（人）	80	745	180
比例（%）	7.96	74.13	17.91

为了进一步深入了解乡村小学新任教师的生存现状，笔者对部分样本教师进行了访谈。

（2019年11月25日19时，Y市F小学，L老师）当问及L老师是否习惯工作地的自然环境时，她说："以前我不太理解'一方水土养一方人'，我以为只要个人适应能力强，很多自然环境的问题都能克服。但是这次我亲身经历了水土不服，我是甘肃陇南人，因为靠近四川，我们那边的空气也比较湿润。刚到这边工作时，我发现这里的气候特别干燥，每天起床后，鼻腔里都有血痂。虽然不知道这边的海拔有多高，但是我刚开始每天都会感觉呼吸不畅，也不知道是不是心理原因。"

特殊的地理位置不仅决定了当地的气候，还会影响当地的交通状况。尤其是一些偏远乡村，地势崎岖，交通不便，这是乡村小学新任教师在入职后需要面临的现实问题。在访谈中，一些教师就提到乡村学校的交通不便给他们的出行带来了困扰。H 老师说：

"农村的交通肯定不如城里的交通便捷，我们学校在一个很偏远的村，出去一趟不方便，来回倒车也挺麻烦的，所以我周末大多数时间都待在宿舍。因为我离家较远，所以一般都是寒暑假才回家。这边的冬天经常下雪，当遇到大雪封山，更是哪里都去不了，室外特别冷，只能蜗居在宿舍，一待就是好几天。"

（2）生活条件

乡村小学新任教师除了需要适应工作地的自然环境，还需要适应学校的住宿条件。

表 12 表明，在样本教师中，非常满意学校住宿条件的有 15 人，占总人数的 1.49%；满意学校住宿条件的有 515 人，占总人数的 51.24%；不满意学校住宿条件的有 475 人，占总人数的 47.26%。由此可见，有近一半的样本教师不满意学校的住宿条件。

表 12　乡村小学新任教师是否满意学校的住宿条件

类型	非常满意	满意	不满意
人数（人）	15	515	475
比例（%）	1.49	51.24	47.26

为了了解真实的住宿情况，笔者访谈了部分新任教师，以下是相关访谈资料。

（2019 年 11 月 25 日 19 时，G 市 X 小学，M 老师）当谈到乡村生活环境时，M 老师说："我是本地人，在地理气候这些方面倒是不存在适应问题，农村的交通不便利，我也能理解。但我唯一不能接受的是——学校的住宿环境太差了，教师宿舍的门是木制的，有些都裂了缝，一个人住着的时候总感觉不太安全。况且宿舍的暖气一点都不热，这里的冬天又特别冷，我只能多盖几条被子。你知道去年 XX 发生的一起意外事故吗？两位刚入职的女老师因为宿舍太冷，只能烤炭火取暖，结果没有注意通风，一氧化碳中毒了，都没能抢救过来。"

访谈过程中，还有一些乡村小学新任教师反映宿舍设施不健全，N 老师说：

"虽然名义上是教师宿舍，但实际上和学生宿舍无异，甚至还比不上一些学校的学生宿舍。我们学校教师宿舍里除了两张床和桌椅板凳，什么都没有。没有厨房，偶尔想改善一下伙食也不现实。没有浴室，洗头洗澡很不方便。甚至连独立的卫生间都没有，都是旱厕，特别不卫生。晚上上厕所特别不方便，也不安全。更别说其他的休闲设施了。"

综上，乡村小学新任教师在适应地理气候、交通、住宿环境等方面都存在一些问题，尤其是住宿环境方面。

3. 文化适应

本研究主要从学校的教学设施、学校的管理制度、教师的群体文化、教风学风和当地的风俗文化来分析乡村小学新任教师的文化适应现状。

（1）学校的教学设施

从表 13 可以看出，样本教师中认为所在学校教学设施非常完备的有 90 人，仅占总人数的 8.96%；认为比较完备的有 625 人，占总人数的 62.19%；认为不完备的有 290 人，占总人数的 28.86%。由此可见，大部分乡村小学的教学设施是比较完备的，这为教师开展教育教学工作提供了很大的便利，这也是西部地区乡村教育振兴工作成效的体现，但仍有部分学校教学设施不完备。

表 13　乡村小学新任教师所在学校的教学设施情况

类型	非常完备	完备	不完备
人数（人）	90	625	290
比例（%）	8.96	62.19	28.86

为了进一步了解部分学校教学设施不完备之处，笔者进行了访谈。

（2019 年 11 月 30 日 18 时，B 市 S 小学，W 老师）W 老师说："我们学校只有巴掌大的一块水泥地，几乎没有什么体育设施，体育课都在室内活动。这段时间我们在七小、十一小等学校听课，发现城区小学的教学设备的确很齐全，尤其是实验小学的设施很现代化，学校门口的那个展播屏幕，我之前都没有见过。农村学校的教学设施比较落后，一些艺术类的课根本上不了。"

（2）学校的管理制度

表 14 显示，在样本教师中，完全能接受学校管理制度的有 395 人，占总人数的 39.30%；能接受学校管理制度的有 605 人，占调查总人数的 60.20%；不能接受学校管理制度的有 5 人，仅占调查总人数的 0.50%。由此可见，样本教师几乎都比较认可学校的规章制度，基本能够适应学校的管理模式。

表 14　乡村小学新任教师能否接受学校的管理制度

类型	完全能	能	不能
人数（人）	395	605	5
比例（%）	39.30	60.20	0.50

（3）教师的群体文化

教师的群体文化是由在学校工作的全体教师共同形成的，乡村小学新任教师初入教师集体，能否融入学校的教师群体文化也是其文化适应的一个重要测量标准。

表 15 表明，在样本学校新任教师中，完全能融入学校教师群体文化的有275 人，占总人数的 27.36%；能融入学校教师群体文化的有 685 人，占总人数的68.16%；不能融入学校教师群体文化的有 45 人，占总人数的 4.48%。

表 15　乡村小学新任教师能否融入学校的教师群体文化

类型	完全能	能	不能
人数（人）	275	685	45
比例（%）	27.36	68.16	4.48

（4）教风学风

教风和学风是学校的隐形名片，彰显了学校全体教师对待教学工作的态度，体现了学生的学习风气。以下是有关教风学风的访谈资料。

（2019 年 12 月 5 日 20 时，H 市 S 小学，Z 老师）当问及学校的教风学风时，Z 老师说："我刚工作的时候，也想当一名尽职尽责的老师，用心把学生教好。但是你可能不会想到，这边农村学生的学习基础有多差，四年级不会背乘法口诀的还大有人在，个别学生甚至早就萌生了辍学的想法，还明目张胆地说他想回家放羊。学校的工作氛围也实在让人心寒，很多老师都是当一天和尚敲一天钟，大部分老师都没有备课的习惯，只有当上级要检查教案的时候，他们才夜以继日地抄写。如果我工作兢兢业业，就会在这个集体中格格不入。"

某些乡村小学不良的教育风气、学生的学习基础较差等给新任教师造成了困扰。

（5）当地的风俗文化

当地的风俗文化也是乡村小学新任教师文化适应的一部分，对于一些外地教师而言，更需要一段时间才能适应。G 市 S 小学 Y 老师说：

"我是汉族人，因为我们学校有回族教师，所以我们只能尊重他们的饮食习惯，吃大锅饭，伙食很一般。刚到这边工作确实不太适应，存在语言沟通障碍。同一个省份的方言都千差万别，更何况我是跨省。家长和我交流都是讲方言，我有些听不懂，但也没办法，只能慢慢适应。"

学校的文化氛围中依然存在一些客观的、待解决的问题，阻碍了乡村小学新任教师的文化适应。

4. 人际适应

乡村小学新任教师人际交往的对象主要包括学生、学生家长、同事和学校领导。

（1）能否与学生有效沟通并建立良好关系

表 16 显示，在样本教师中，完全能与学生有效沟通并建立良好关系的有 200 人，占总人数的 19.90%；能与学生有效沟通并建立良好关系的有 780 人，占总人数的 77.61%；不能与学生有效沟通并建立良好关系的有 25 人，仅占总人数的 2.49%。

表 16　乡村小学新任教师能否与学生有效沟通

类型	完全能	能	不能
人数（人）	200	780	25
比例（%）	19.90	77.61	2.49

乡村小学新任教师几乎都是 90 后，与小学生年龄差距较小，但偶尔也会因为学习与学生产生矛盾。

（2019 年 12 月 7 日 15 时，G 市 Z 小学，L 老师）L 老师谈到与学生的相处时，无奈地说："现在的学生实在难以管教，一被老师批评就哭，真让人头疼。我们班有几个学生好像是故意和我作对，总是不按时完成作业。当询问他们不交作业的原因时，他们要么不说话，恶狠狠地瞪着我，要么就是一直翻书包，装模作样地找作业，只要你不叫停，他能翻一节课。"

（2019 年 12 月 7 日 15 时，B 市 S 小学，X 老师）X 老师说："我知道在与学生的相处过程中应该宽严相济，但是我始终难以把握这个度。现在的学生都会看脸色，你越仁慈，他们越不听话。他们比较害怕严厉的老教师，喜欢欺负新老师。"

乡村小学新任教师在与学生相处的过程中，要在学生中树立威信，把握与学生相处的度。

（2）能否与学生家长有效沟通并建立良好关系

从表17可以看出，在样本教师中，完全能与学生家长有效沟通并建立良好关系的有135人，占总人数的13.43%；能与学生家长有效沟通并建立良好关系的有765人，占总人数的76.12%；不能与学生家长有效沟通并建立良好关系的有105人，占总人数的10.45%。

表17　乡村小学新任教师能否与学生家长有效沟通

类型	完全能	能	不能
人数（人）	135	765	105
比例（%）	13.43	76.12	10.45

乡村小学新任教师与学生家长的相处比与学生相处的难度大，这在访谈中也体现得更明显。

（2019年12月2日15时，Y市X小学，L老师）当谈及教师与学生家长的关系时，L老师说："我比较倒霉，遇到了一个比较难缠的家长，他家孩子上课表现一直不好，经常扰乱课堂秩序。我主动与他沟通，他却把责任全推给我，认为是我教得不好，还扬言要到教育局去告我。有一天，他直接到学校来找我麻烦，甚至准备动手打我，还好学校领导及时沟通与调节。不得不说，农村有些家长的素质确实比较低，很让人心寒。"

乡村小学新任教师应当注意与家长沟通交流的方式与技巧，避免产生不必要的冲突。

（3）能否与同事有效沟通并建立良好关系

表18显示，在样本教师中，完全能与同事有效沟通并建立良好关系的有235人，占总人数的23.38%；能与同事有效沟通并建立良好关系的有745人，占总人数的74.13%；不能与同事有效沟通并建立良好关系的有25人，占总人数的2.49%。由此可见，大部分乡村小学新任教师都能与同事有效沟通并建立良好关系。

表18　乡村小学新任教师能否与同事有效沟通

类型	完全能	能	不能
人数（人）	235	745	25
比例（%）	23.38	74.13	2.49

笔者还访谈了2名样本学校的新任教师。

（2019 年 12 月 7 日 19 时，B 市 S 小学，M 老师）M 老师说："我和新老师相处得挺好，我们几乎无话不谈。不过学校的个别老教师比较高傲，总是爱使唤我。我感觉她就是倚老卖老，经常找各种借口让我做事。有时候我连自己的工作都做不完，但还得帮她做。"

（2019 年 10 月 30 日，H 市 Y 小学，X 老师）X 老师说："我感觉学校的教师分新教师和老教师两派。我们平时很少跟老教师交流，因为年龄差距较大，除了教学，几乎没有共同话题。他们一般也不怎么愿意跟我们交流，感觉好像看不起我们新老师。"

从访谈中可以发现，新教师之间由于年龄相仿，处于同一发展阶段，面临同样的适应问题，很容易建立良好关系。但新老教师之间由于年龄差距等，存在一定的交流障碍与误解。

（4）能否与学校领导有效沟通并建立良好关系

表 19 显示，在样本教师中，完全能与领导有效沟通并建立良好关系的有 170 人，占总人数的 16.92%；能与领导有效沟通并建立良好关系的有 750 人，占总人数的 74.63%；不能与领导有效沟通并建立良好关系的有 85 人，占总人数的 8.46%。

表 19　乡村小学新任教师能否与学校领导有效沟通

类型	完全能	能	不能
人数（人）	170	750	85
比例（%）	16.92	74.63	8.46

由于领导与新任教师之间属于上下级关系，这本身就是不对等的交流关系，因此，乡村小学新任教师与领导的人际交往紧张程度仅次于与家长的人际交往，这在访谈中也有所体现。

（2019 年 11 月 26 日 19 时，H 市 S 小学，W 老师）W 老师说："我们学校校长不分担教学工作，只做甩手掌柜。他每天唯一的工作就是四处巡视，还经常以教学成绩差为由，刻意挖苦新老师。"

（2019 年 12 月 1 日 18 时，G 市 F 小学，Y 老师）Y 老师学习的是体育教育专业，入职后却成为二年级和四年级的数学老师。他说："今天又被校长批评了，原因是校长质疑我的教学能力，理由是我的教学成绩一直比不上学区里的其他小学。他从来都不会看到我的努力，这学期我把四年级的数学平均分从 55 分提到了 65 分，但因为在学区排名倒数第一，我的进步就被他忽视了，我现在的感觉就像哑巴吃黄连——有苦说不出。"

大部分样本教师都能较好地处理工作中的人际关系，但仍有一部分教师人际关系处理不当，尤其是在与学生家长、老教师以及领导的相处过程中，存在一些交往障碍。

5. 专业适应

已有研究文献中，关于乡村小学新任教师专业适应的研究最多。专业适应是新任教师实现专业发展的必经过程，主要表现在专业理念、专业知识、专业能力三个方面。以下将结合问卷调查与访谈结果对新任教师的专业适应现状进行分析。

（1）专业理念

教师的专业理念引导着乡村小学新任教师适应教师职业、实现教师专业发展。

从表20可以看出，样本教师中，教学态度积极主动的有860人，占总人数的85.57%；随大流的有130人，占总人数的12.94%；无心教学的有15人，仅占总人数的1.49%。可见大部分新任教师的教学态度比较端正，这将有利于他们尽快实现专业适应。

表 20　乡村小学新任教师的教学态度

类型	积极主动	随大流	无心教学
人数（人）	860	130	15
比例（%）	85.57	12.94	1.49

从乡村小学新任教师的备课情况（表21）来看，经常备课的有860人，占总人数的85.57%；偶尔备课的有145人，占总人数的14.43%；从来不备课的无一人。可见所有乡村小学新任教师都会备课，端正的工作态度将有利于他们尽快实现专业适应。

表 21　乡村小学新任教师的备课情况

类型	经常	偶尔	从来不
人数（人）	860	145	0
比例（%）	85.57	14.43	0

由于问卷调查只涉及了专业理念中的教育教学态度，本研究还通过访谈来了解乡村小学新任教师的专业理念，以下是相关访谈材料。

（2019年12月2日17时，Y市S小学，W老师）当谈及从教理想与信念时，

W 老师说："我始终认为教师和医生一样，都是十分有意义的职业。医生救死扶伤，拯救的是人们的肉体。教师教书育人，改变的是人们的思想与灵魂。小时候，家里穷，铅笔都是用到手握不住时才丢掉。但是我有幸遇到一位好老师，他为我提供了很多帮助。我从那时就立志当老师，而且要当一名好老师。我很满意现在的工作，因为我正在践行当初的誓言。"

（2019 年 12 月 11 日 13 时，G 市 K 小学，C 老师）当被问及是否打算一直在农村任教时，C 老师说："我个人觉得在农村当老师挺好的，农村的孩子比较简单、朴实。我教的是语文，主要通过让孩子们多读、多看、多写来培养他们的语文能力。尽管他们的学习基础比较差，但是我的观点是尽量想方设法地让他们多学一点。毕竟读书是农村孩子的唯一出路。"

（2019 年 12 月 12 日 19 时，B 市 P 小学，Z 老师）Z 老师说："说实话，我感觉当老师挺煎熬的，每天要强迫自己处理一大堆琐事。但是，我对未来的工作也没有什么打算，暂时也还没找到适合我的其他工作，边走边看吧。"

综合调查问卷与访谈结果发现，具备专业理念的教师更容易适应教师职业，体验到教师职业带来的幸福感。

（2）专业知识

教学活动的顺利进行需要调动教师的专业知识，教师必须结合学情，选择恰当的教学方法，将学科知识以通俗易懂的方式传授给学生。教育教学方法是教学活动顺利进行的前提，教学方法的运用能反映出教师的专业知识水平，但一些乡村小学新任教师不知道如何选择恰当的教学方法。W 老师说：

"别说采用探究式教学了，就是我三番五次地讲，学生也不一定听得懂。四年级的学生里，就连最基本的乘法口诀都还有不会背的。课堂上让他们探究，那就是放任自流，纯属浪费教学时间，因为他们根本不知道如何探究。"

学科知识是教师专业知识的一个重要方面，包括教师的学科内容知识、一般教学法知识。一些缺少学科知识背景的教师在上课时出现了很多问题。M 老师说：

"今天上午，我用了两节课时间讲新课——角的大小，课上反复强调了很多遍。但是下午问到一个学生直角的大小时，他却说直角是 80°，关键他还是班上学习比较好的学生，我一度怀疑我根本不会教数学课。"

综上，乡村小学新任教师的专业知识仍需要在教学实践中进一步扩充。

（3）专业能力

教师的专业能力一般包括教育教学设计能力、组织与实施能力、激励与评价能力、沟通与合作能力以及反思与发展能力。

表 22 显示，在样本教师中，认为教学工作量较大的有 730 人，占总人数的 72.64%；认为工作难度高的有 230 人，占总人数的 22.89%；认为自身缺乏课堂管理经验的有 755 人，占总人数的 75.12%；认为教学设施不完备的有 305 人，占总人数的 30.35%；认为自身教学能力不足的有 580 人，占总人数的 57.71%；认为缺乏有效的学习与指导的有 550 人，占总人数的 54.73%；认为自己和学校教学工作步调不一致的有 85 人，占总人数的 8.46%。

表 22　乡村小学新任教师专业能力面临的挑战（多选）

类型	教学工作量较大	教学工作难度高	缺乏课堂管理经验	教学设施不完备	自身教学能力不足	缺乏有效的学习与指导	与学校的教学工作步调不一致	其他
人数（人）	730	230	755	305	580	550	85	155
比例（%）	72.64	22.89	75.12	30.35	57.71	54.73	8.46	15.42

为了弥补问卷调查的不足，笔者对部分样本教师进行了访谈，以下是相关访谈材料。

（2019 年 11 月 15 日 19 时，Y 市 T 小学，M 老师）在电话访谈中，当问及工作近况时，M 老师说："我刚回宿舍，今天开了三个小时的教师会议。突然感觉自己不适合当老师，连学生都教不好。一年级共五个班，其他四个班的平均分都是 90 多分，我们班平均分却只有 80 多分。校长在会议上狠狠地批评了我，我甚至有辞职的冲动。"

乡村小学新任教师在适应过程中，专业能力方面最常遇到的三大挑战依次是缺乏课堂管理经验、教学工作量较大、自身教学能力不足。

（三）乡村小学教师的入职培训现状与需求

入职培训是新任教师入职的首要环节，合理有效的入职培训能够为新任教师提供教学经验与理论支持。

1. 入职培训现状

乡村小学新任教师入职培训能否切实开展会极大影响新任教师的适应状况，但目前乡村小学新任教师入职培训落实不足。

表 23 显示，在样本教师中，参与以老带新的有 525 人，占总人数的 52.24%；参与校外进修的有 345 人，占总人数的 34.33%；参与教研活动的有 710 人，占总人数的 70.65%；观摩公开课的有 745 人，占总人数的 74.13%；选择其他的有 220

人，占总人数的 21.89%。部分教师反映学校没有提供任何培训，也有部分教师反映学校没有条件开展教研活动。

表 23　乡村小学新任教师入职培训方式（多选）

类型	以老带新	校外进修	教研活动	观摩公开课	其他
人数（人）	525	345	710	745	220
比例（%）	52.24	34.33	70.65	74.13	21.89

2.入职需求

图 1 显示，样本教师中，希望国家提高教师的薪酬、福利待遇的人数最多，占总人数的 85.47%；希望学校提供观摩学习优质课堂的机会，博采众长的占 76.52%；希望社会对新任教师予以理解、包容和合理期待的占 75.62%；希望多组织新老教师交流，建立良好互助的同事关系的占 69.45%；认为学校应完善"老带新"培训方式的占 60.49%。此外，还有 9.45% 的乡村小学新任教师在入职需求中选择了其他。

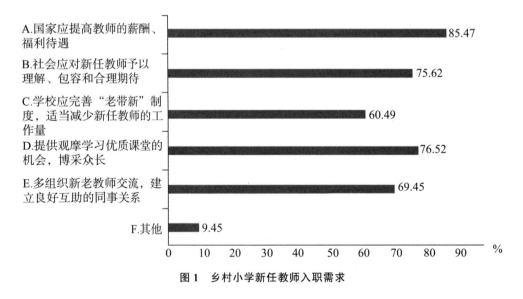

图 1　乡村小学新任教师入职需求

在开放性问题中，一部分样本教师希望减少与教学无关的工作，将更多的精力放在教学上，他们的入职适应需求为提出对策建议提供了依据。

（四）乡村小学新任教师入职适应存在的问题

本研究通过问卷调查的统计分析，结合访谈发现，部分乡村小学新任教师入职适应水平较低，有脱离教师岗位的倾向，且这部分教师多为性格内向的外地女教师。通过调研数据和资料的整理与分析，结合入职适应指标发现，乡村小学新任教师入职适应存在以下问题：从教动机不纯，生活环境艰苦，学校文化氛围不佳，人际关系处理不当，专业发展困境。

1. 从教动机不纯

从调研结果得知，大部分乡村小学新任教师选择从教是因为教师职业"稳定""有编制""有寒暑假""是父母眼中的铁饭碗"，个别新任教师甚至将教师职业视为"谋生的职业"。因此，大部分乡村小学新任教师的从教动机不纯，功利性强，对乡村教师的认识不到位，这在一些访谈中体现得尤为明显。

（2019年11月19日15时，H市S小学，N老师）N老师是甘肃人，今年9月刚考上特岗教师，当谈及她为什么选择教师职业，不考家乡的教师编时，她说："我是甘肃人，因为我们甘肃教师考编比较难，而且招收人数少，比如今年只招6名小学语文老师，所以我最终决定考离家较近的特岗，碰碰运气。刚考上的时候我非常高兴，毕竟服务三年就可以转编，父母也比较满意。但上岗后，我发现这里的工作环境差，十分后悔。"

（2019年11月21日19时，B市S小学，W老师）W老师，甘肃人，已在村小工作一年半，目前担任两个年级的数学老师并兼班主任，当问及他选择教师职业的原因时，他说："因为老师有编制，比较稳定，旱涝保收。教师的寒暑假也是大家梦寐以求的。之前参加过家乡的招教考试，但是教育公共基础和职业能力测试太难，没考上。宁夏的招教考试只考专业知识，比较容易'上岸'。目前，我在G市买了房，打算在这边安家。之前，我虽然考上了新疆伊犁的事业编，但是为了方便照顾家人，还是选择回家乡。"

由此可见，部分样本教师的从教动机不纯，仅仅出于教师有编制、专业限制等原因才选择教师职业，没有意识到乡村教师身上肩负着振兴乡村教育的使命，缺乏奉献精神。这种从教动机很容易形成错误的职业导向。由于缺乏对教师职业的正确认识，他们在入职后更加容易出现适应不良。

2. 生活环境艰苦

在乡村小学新任教师入职适应评价指标中，生存适应主要是指教师能够适应当地的地理位置、气候、交通、住宿条件等，生存适应是其他维度适应的基础。通过问卷调查与访谈发现，在样本教师中，不适应工作地自然环境的有180人，占总人数的17.91%。不满足学校的住宿条件的有475人，占总人数的47.26%。乡村小学新任教师的生存环境比较艰苦，尤其是住宿条件比较差。

由于乡村小学的工作环境相对封闭，距离城区较远，大部分乡村小学新任教师只能住在教师宿舍。但乡村教师宿舍存在安全隐患、暖气不热、没有厨房和浴室等问题。访谈中，一名女教师坦言：

"因为教师宿舍条件比较差，没有安全保障，附近又挨着村里，总担心有一些居心不良的人进入学校。一些离家近的老师，周末都回家了，剩下我一个人住在宿舍，夜里迟迟不能入睡，一直处于高度紧张的状态。所以，我认为乡村教师的住宿环境非常有必要改善。"

良好的生活环境是乡村小学新任教师实现生存适应的基础，生活环境一旦不能满足乡村小学新任教师的基本需求，他们将无法全身心地投入到教学工作中，从而动摇其留在乡村小学任教的决心。

3.学校文化氛围不佳

样本教师中，认为所在学校教学设施不完备的有 290 人，占总人数的 28.86%；不能融入学校的教师群体文化的有 45 人，占总人数的 4.48%；不能接受学校管理制度的有 5 人，占调查总人数的 0.50%。因此，乡村学校存在文化氛围不佳的问题。

学校的文化氛围是由长期在这里生活的教师和学生所共同打造的。乡村小学教师队伍参差不齐，部分教师个人素质不高。个别乡村小学新任教师难以融入学校的文化氛围。访谈中，当问及能否融入学校的集体文化时，Z 老师说：

"近朱者赤，近墨者黑。我们学校一些老师的素质比较低，整天在办公室聊一些低俗的话题，我担心与他们相处久了，我也会变成自己讨厌的人。反正我明年就转编了，离职也不现实，只有选择独善其身。"

此外，教师之间不同的教育观念也导致他们互生嫌隙。乡村小学新任教师原有的教学观念是在师范教育中长期形成的，是建立在教育理论知识之上的。而学校的一些老教师经历了长期的教学实践，逐渐形成了自己的教学观念。两者容易产生分歧，发生碰撞。当谈及工作氛围时，Z 老师说：

"入职后，我和同事们的教育观念产生了较大分歧，他们认为每天把课上完就算完成了教学任务，几乎都是直接运用教参，采用传统的灌输式教法。他们说农村学生基础差，接受能力不强，课备得再好也用不上，觉得把知识点讲清楚就行了。但我并不认同这种观点，还是坚持做一名合格教师，认真上好每一堂课。"

学校文化中夹杂着不健康的、不先进的因素，形成了不良的学校文化氛围，这是乡村小学新任教师在文化适应过程中面临的困难。

4.人际关系处理不当

大部分乡村小学新任教师都是应届毕业生，他们离开了学校，实现了从学生到教师的角色转变，他们面临的人际关系也开始变得复杂多样。学生时代，他们的人际关系比较单纯，交往主体主要有教师和同学，与教师之间是教育者和被教育者的关系，与同学是同窗或同伴关系。但从教以后，他们开始拥有多重身份，承担着教书育人的教师职责，要努力实现教好学生、联系家长、团结同事、服从领导的人际交往目标。据问卷调查结果显示，样本教师中，不能与学生、同事有效沟通并建立良好关系的各有 25 人，各占总人数的 2.49％；不能与学生家长有效沟通并建立良好关系的有 105 人，占总人数的 10.45％；不能与领导有效沟通并建立良好关系的有 85 人，占总人数的 8.46％。由此可见，乡村小学新任教师与学生家长和领导的关系相对紧张。以下是一名乡村小学新任教师关于人际关系的困惑。

（2019 年 12 月 21 日 16 时，H 市 D 小学，M 老师）M 老师说："当老师以后，要处理很多的人际关系，任何一方处理不好，都会令人焦头烂额。虽说对待学生要宽严相济，但是我总是把握不了度。平常与家长保持联系，既不能太近又不能太远。太近，家长会觉得你好说话，容易得寸进尺。太远，他们又觉得你摆架子，不好相处。初出茅庐的我也不知道如何与学校领导沟通，总感觉领导觉得我好使唤，三番五次地找我办事。其实就算你做得再好，在评职称评优秀教师时，也轮不到你，多得是资历比你老的教师。所以说刚工作时，千万不要锋芒毕露。"

复杂的人际关系给乡村小学新任教师造成了一定的人际压力。与学生相处时，应当扮演严师益友的角色；与家长沟通时，应当是孩子老师的身份；与同事交往时，应当保持平等互助的同行关系；与领导交流时，又扮演着服从者的角色。在诸多的人际交往关系中，乡村小学新任教师显得难以适从。

5. 专业发展困境

笔者结合问卷调查与访谈结果，将教师的专业困境集中概括为专业理念偏差、专业知识不足、专业能力提升困难。

（1）专业理念缺失

专业理念是教师专业发展的指路明灯，没有专业理念的教师顶多只能算是"教书匠"，不能称为"教育者"。但笔者在与一些乡村小学新任教师的交流中发现，缺少教育信念是乡村小学新任教师普遍存在的问题。一些乡村小学新任教师并没有把教师看作一种光辉的职业，反而在心底里贬低自己的职业，他们将经济收入视为衡量职业贵贱的唯一标准。但事实上，职业并无好坏之分，人只有干自己适合的且喜欢的职业才能在工作中体验到幸福感与成就感。乡村小学新任教师只有意识到教书育人的社会价值，树立坚定的职业理想与信念，才能发自内心地崇尚教师职业，主动寻求专业适应。

（2）专业知识不足

乡村小学新任教师在教学过程遇到的许多难以解决的问题都暴露出他们专业知识的不足。举例来说，选择教学方法必须要关注学情，遵从小学生的认知发展水平。一些乡村小学新任教师认为农村小学生源较差，基础知识薄弱，根本无法使用一些现代化的教学方法。但这实际上是由于他们没有把握学生的身心发展规律，对学情把握不够，没有找到适合学生的教学方法。L 老师说：

"这些学生简直是不气死我不罢休啊！今天上课前，我检查学生对长方形的面积公式的掌握情况，他们居然回答的是公顷、米、千米……。这个知识点我讲了不下十遍，还让他们做了练习题。但事实上好像并没有什么效果，我不知道是我教的问题，还是他们学的问题。"

乡村小学新任教师教学经验不足，没有掌握合理的教学方法，还不能合理运用知识，在教学中容易剑走偏锋、事倍功半。

（3）专业能力有限

教师的专业能力中有一项指标是组织与实施、见微知著，本研究通过课堂管理能力来评价教师的专业能力。问卷调查结果显示，在样本学校新任教师中，认为自身缺乏课堂管理经验的有 755 人，认为自身教学能力不足的有 580 人，分别占调查总人数的 75.12% 和 57.71%。由于乡村小学新任教师刚刚走上教师岗位，真正开始管理自己的课堂，他们缺乏课堂管理经验，在管理课堂时会不可避免地遇到一些问题，甚至产生疑惑："为什么学生在老教师的课堂上纪律很好，在我的课堂上就乱成一锅粥？"在访谈中，一些样本教师也提到了自己专业能力有限，以下是相关访谈资料。

（2019 年 12 月 17 日 12 时，G 市 K 小学，L 老师）当问及她在教学上有何困难时，L 老师说："我感觉自身的专业能力还是欠缺，不知道怎样才能把学生教好，也管理不好课堂纪律。虽然经过了新教师岗前培训，但几乎都是听讲座，专家们没有农村任教的经历，他们不了解我们的处境，一些大而空的理论在农村小学根本不适用。"

（2019 年 12 月 20 日 18 时，Y 市 X 小学，M 老师）在谈到教学情况时，M 老师说："我不明白，为什么我的课堂总有学生捣乱，骨子里逆反，自己不听课，还影响全班，什么方法在他身上都不起作用。上学期给他们上课的是一个非常严厉的代课老师，让他们死记硬背，记不住就罚，他们班的数学平均分是 50 多分。这学期我接班了，对他们宽容了，但他们的课堂纪律反而变糟糕了，上次月考平均分只有 46 分了，让我十分头疼。"

综上，在教学过程中，大部分乡村小学新任教师充分意识到了自身专业能力有限。他们尽管接受了入职培训，但效果却不明显，迫切希望得到有效指导。

五、结论与启示

（一）研究结论

研究结果表明：目前，乡村小学新任教师主要存在从教动机不纯、生活环境艰苦、学校文化氛围不佳、人际关系处理不当和专业发展有困境等入职适应问题。同时，通过分析调查结果发现，教育制度政策因素、教师个人因素、教师职业因素、乡村学校环境因素以及乡村教师队伍建设因素对乡村小学新任教师入职适应均有显著影响，如教育政策保障落实不到位、教师的性别差异、学校工作氛围不和谐、师资力量紧缺等。

1. 教育制度政策因素

（1）教育政策保障落实不到位

工资是劳动者通过体力或脑力劳动创造出价值的物质回报，付出与收获是否成正比，会影响劳动主体的工作投入度。因此，工资水平是否合理也是影响乡村小学新任教师生存适应的重要因素。《中华人民共和国教师法》的第六章第二十五条明确规定：教师的平均工资水平应当不低于或者高于国家公务人员的平均工资水平，并逐步提高。但实际上，西部地区大部分乡村小学新任教师的工资处于较低水平。在访谈中也发现，样本教师的月工资普遍在3000元左右，几乎入不敷出，甚至需要父母或朋友接济。以下是相关访谈资料。

（2019年11月25日18时，B市S小学，W老师）当谈及教师的工资待遇时，W老师说："不过分地说，教师应该是所有事业编中经济待遇最差的。尽管我们有乡村教师补贴，但整体的工资还是很低，我现在一个月的工资在3000元左右。这边的经济发展落后，物价还比较高，我现在就是典型的月光族，有时候还需要向父母伸手要钱。在我看来，关于教师涨工资的事情也只是'雷声大，雨点小'。反正我当老师也只是缓兵之计，我还打算考公务员或者其他事业编，只要考上就离职。"

（2019年12月5日13时，H市J小学，Y老师）当谈及乡村教师的工资待遇有无改善时，Y老师说："教师和公务员的工资确实都是三四千，十分符合法律规定。但大家为什么那么热衷于考公务员呢？原因就在于公务员的隐性收入高，福利待遇好，他们的年终奖、公积金、节日福利、差旅费等，都比老师高。所以，关于教师涨工资的口号一直都是有的，大饼也一直在画，不管规定怎么样，但要想真正落到实处，需要漫长的过程。"

经济基础决定上层建筑，经济地位的提升带来的一般是社会地位的上升，公务员之所以是许多人青睐的职业，原因就在稳定的工资和较高的福利待遇。相关教师工资保障的政策并未从根本上解决乡村教师工资待遇低的问题，这也是导致乡村小学新任教师适应难的重要原因。

（2）缺乏新任教师入职支持体系

目前，我国没有专门针对新任教师的培养计划，也没有专门的政策指导文件，更没有专门的教师入职培训机构。乡村小学新任教师入职后，直接被纳入学校的教师队伍，承担与老教师相当的或较高的工作量，甚至有一半以上的新任教师在入职第一年担任班主任。这显然是学校为了方便统一管理教师而采取的措施，但忽视了乡村小学新任教师在入职适应期的需求，没有向他们提供应有的入职支持。即便有一些入职支持，也是间断的、零散的，没有形成新任教师入职支持体系。

在访谈过程中，当问及入职后获得了哪些帮助时，C 老师坦言：

"我感觉入职培训的形式化太严重了，实效性不高。入职后，学校并没有为我们提供任何帮助与指导，我们几乎都是处于放任自流的状态，繁重的工作也导致我们没有学习的时间，缺少学习的机会。"

一些乡村小学新任教师认为应该延长教师入职培训的期限，因为他们在培训中能学到一些理论知识和教学实践技能，进一步了解教师职业，缩短入职适应周期。Y 老师说：

"我在入职前参加了新教师岗前培训。我个人感觉那些理论知识培训效果并不是很明显。相比起来，我觉得到学校听课收获更大，我们能从优秀、真实的课堂中获取更多的知识。但唯一觉得遗憾的就是培训时间太短了，我觉得可以适当延长培训的时间。"

缺乏新任教师入职支持体系，没有很好地对新任教师的培训进行合理规划，培训存在理论与实践脱节的现象，这也是影响乡村小学新任教师入职适应的因素之一。

（3）缺乏合理有效的教育评价机制

由于乡村小学地处偏远、相对分散、规模较小，因此都被划归学区，由乡镇中心校整合管理。但由于乡村学区缺乏合理有效的教育评价机制，乡镇实行统一的考核标准，忽略了不同学校的实际情况。中心校无论是在生源师资还是教学设施方面都要比乡村小学更好，在各项考核中都遥遥领先于各乡村小学。这种教育评价迫使村小校长不得不狠抓学校教学质量，尤其重视新任教师的教学成绩。因此，乡村小学新任教师在入职后面临着较大的教学压力。访谈中，一些乡村小学新任教师就表达了对这种评价机制的不满，提及了乡村教育评价机制存在的问题。

（2019年12月5日18时，Y市S小学，W老师）W老师在一次交谈中，向我透露其学校由于人员调动，准备举荐他当校长，但被他婉拒了。当问及原因，他说："这种乡村小学的校长是没有实权的，全都归镇中心校的大校长管，而且每年都要评比，本来教学评价的关键在于进步，但是他们从来不看过程，只看结果。这种评价机制否定了我们的付出与成绩。比如我们学校的教学质量本来就比较差，在短期内赶超一些城镇小学本来就不现实，校长每次开会受了气，就回来给我们施加压力。因此，我不想当一个傀儡校长，来苛求我的同事。不只是我，其他老师也会对校长这个职位避而远之的。"

由此可见，乡村学校的教育评价机制不合理，忽视了形成性评价，一味地采取终结性评价来评判教师的教学。对于新任教师而言，这在一定程度上有失公允，打击了他们的教学信心，对其入职适应造成了不利影响。

2.教师个人因素

（1）性别角色差异

性别角色差异是指一定社会关系中男女社会地位和被期望的行为规范的不同，两性由于受生理、心理差异等因素影响，其社会角色差异虽在缩小，但仍将继续存在（顾明远，1998：1777）。本研究以教师性别为自变量（x），以任教心理状态为因变量（y），进行交叉分析，结果证实了性别差异的确会导致男女教师在任教后心理状态的明显不同。

从表24可以看出，样本男教师中有85人在入职后感到轻松愉悦，占男教师总人数的43.59%；样本女教师中有140人在入职后感到轻松愉悦，仅占女教师总人数的17.28%。

表24　乡村小学新任教师性别与任教心理状态的关系

类型	轻松愉悦	不喜不悲	紧张焦虑	抑郁自闭
男（人）	85	55	35	20
比例（%）	43.59	28.21	17.95	10.26
女（人）	140	460	180	30
比例（%）	17.28	56.79	22.22	3.70

一些访谈资料也表明，男教师的入职适应性优于女教师。

G 市 S 小学的 W 老师性格外向、健谈，当问及他入职后的状态如何时，他说：

"第一次去学校，我买了辆自行车，带着面和油。我很热情地跟学校的其他老师打招呼，可是他们都不理睬我。但我也没放在心上，后面很快就和他们熟识了。再提到住宿条件，我是男老师，也不怕住在村小。"

但女教师的情况则不同，G 市 D 小学的 M 老师说：

"我在这里根本找不到归属感，总有做不完的工作，我快被压得喘不过气了。就因为我是新老师，所以不管学校安排什么过分的任务，我也只能忍气吞声。入职一个半月，哭了一个月，可能我不适合当老师，也可能是我不适应社会。"

从访谈结果来看，对于不同性别教师而言，感受到的压力程度会有所不同。因此，性别差异是影响乡村小学新任教师入职适应的因素。

（2）新任教师来源地

乡村小学新任教师的来源地会对其教师职业适应水平产生较大影响。一方面，本地和外地的教师适应状况有差异。参与访谈的 M 老师说："风土人情我一开始就适应，因为我就是本地人。N 老师是甘肃人，刚来的时候就很不适应这边的工作环境。"在本研究中，笔者将来源地为 G 市的教师统称为本地教师，他们的成长环境与入职的学校环境差异小，适应新环境对于他们来说相对容易。非本地教师入职适应则有一些问题。例如，N 老师适应当地的语言环境就是个很大的问题，正如她所说："初到这里，因为自己是外地人，不能完全听懂当地的方言，和学生家长交流尤其困难。"

另一方面，来自城市与来自农村的新任教师的适应状况也存在一定差异。来自城市的乡村小学新任教师对于乡村小学的工作环境更为陌生。Z 老师说：

"说实话，虽然我是本地人，但因为从小就在城里生活，没有真正地体验过乡村生活，就连实习都是在比较好的城区小学，因此我一直以为小学的工作环境都大同小异。但我刚进村小的时候，发现办学条件很差，设施非常不健全，比如厕所都是那种很不卫生的旱厕，我实在难以接受。"

综上，乡村小学新任教师是否是本地人、城里人，会对其入职适应造成影响，是本地人且来自农村的乡村小学新任教师更容易适应乡村学校环境。

（3）个人婚恋状况

样本教师的教龄都在 2 年以内，平均年龄约 25 岁，属于适婚年龄。但由于乡村小学规模有限，大部分样本学校的教师人数都在 10 人以内，再加上教师职业的特殊性决定了教师性别比的悬殊，年轻教师面临着择偶问题。相关研究表明，已婚的乡村小学新任教师心态比较稳定，留在乡村任教的决心更大。这在本研究中也得到证实。

G市S小学的W老师在一家私企工作了4年后，才考上教师，现年29岁。当问及他在乡村工作中有无难以解决的难题时，他激动地说：

"当然是择偶问题了，学区的一些年轻女老师都名花有主了，我身边又没有合适的交往对象。刚到学校，还有一些热心的老教师会给我介绍对象，但都有缘无分。大学里虽然谈过对象，但毕业后就各奔东西了，现在父母催得紧，我也无可奈何。因为我是汉族，这边回民比较多，很多回族姑娘家里都反对回汉通婚。"

一些外地的乡村小学新任教师如果已婚，则会表现出较强的留校意向，从长远来看，扎根农村教育一线可能性更大。H市S小学25岁的N老师是甘肃人，在谈到择偶问题时，她说：

"可能也是缘分到了，我在入职培训的时候认识了一位老师，他在三营镇上班。他是本地人，我刚上岗时，他帮了我很多忙。后来，我们彼此熟络了，觉得三观挺一致的，就确定了恋爱关系。他可以说是我的精神支柱，我们是奔着结婚交往的。目前，我们把婚房买在了市里，正在筹备婚礼。自此我在这边有了依靠，家里人就对我比较放心了。"

可见，稳定的婚恋状况能使乡村小学新任教师获得归属与爱，坚定其从教信心。相反，单身的教师受个人问题困扰，内心非常焦虑。当乡村小学新任教师所处的环境缺少择偶机会时，他们更加迫切地希望通过改变工作环境来解决择偶问题，这将导致其留岗工作的几率大大降低。B市D小学30岁的Z老师说：

"我是典型的被工作耽误的大龄剩女，之前在村小工作了6年，没有遇到合适的交往对象。现在虽然调到城里了，但是已经不再年轻了。由于我们西北的婚姻观念比较传统，同龄人几乎都结婚了，我可能这辈子都是单身了。"

因此，有无稳定的恋爱关系和婚姻状况也是影响乡村小学新任教师入职适应的重要因素。一些乡村小学新任教师由于工作繁忙，没有合适的交往对象，因而成为"大龄剩男"或"大龄剩女"。从某种意义上分析，建立婚恋关系能坚定乡村小学新任教师留任的决心，提高他们的工作积极性。

（4）同伴关系影响

从访谈中得知，乡村小学新任教师在适应学校工作的过程中，对待职业的态度受其同伴的影响。笔者访谈中的两名乡村小学新任教师来自不同的学校。S小学规模小，教师队伍年轻，教师相处非常融洽。L小学学校规模较大，原有教师队伍庞大，新任教师容易被孤立。S小学的Y老师在学校两名新任教师相继离职后，越发对教师职业失去信心，萌生了离职的想法。她说：

"和我一起考进来的马老师辞职了，刘老师也已经提交了辞职申请，他们都说当老师没有前途。我也感觉当老师事情好多，好想辞职，建议你毕业以后不要当老师。"

不只是离职的新教师会对新任教师产生影响，一些老教师的职业态度也会对新任教师的职业观产生潜移默化的影响。H 市 L 小学的 Y 老师说：

"我们办公室都是老教师，他们经常在办公室聊家长里短。有一位女老师特别爱嚼舌根，我一点都不想待在办公室。她每次看到我很认真地备课，就对我冷嘲热讽，还说我们年轻人还是得考公务员，当老师就注定清贫一辈子。"

因此，同事对待教师职业的态度会影响新任教师的从教决心，他们对工作的态度也会影响乡村小学新任教师的工作状态。

3. 教师职业因素

（1）教师职业角色的复杂性

乡村小学教师职业角色的复杂性主要体现在两方面：一是校内角色的多样性与复杂性；二是校外角色的多重性。教师要做学生的良师、同事的伙伴、领导的助手、家长的咨询师，复杂的职业角色增加了乡村小学新任教师的适应难度。访谈结果表明，由于不停地转变角色，乡村小学新任教师容易陷入"角色混乱"。G 市 D 小学的 X 老师说：

"我感觉乡村小学老师实际就像一个'管家婆'。很多孩子家庭条件差，父母到外地打工了。老人也管不住孩子，甚至一些孩子独自待在家里，挺可怜的。我经常会自己掏腰包，给他们买一些学习用品或吃的东西。我感觉自己就像电影《一个都不能少》中的魏敏芝，使命就是把学生留在教室里，只要他们不辍学，多少能学点东西。"

在一些偏远的乡村，家长的文化素质不高，乡村教师不仅要教学生，还要教家长。除了教师角色，乡村小学新任教师也是社会人，是子女、是父母、是教师职业的代言人。教师职业角色的复杂性也会影响其入职适应水平。

（2）职业认同感

职业认同感指一个人对他所从事的职业的价值、意义等的认识，是从业者的一种心理倾向和态度（罗超，廖朝华，2011）。笔者将职业认同感作为自变量（x），将工作满意度作为因变量（y），进行数据交叉分析，表 25 是分析结果。

表 25　乡村小学新任教师职业认同感与工作满意度的关系（单位：人）

		入职后是否满意教师职业			小计
		非常满意	满意	不满意	
入职前是否喜欢教师职业	非常喜欢	80（50.00%）	75（46.88%）	5（3.13%）	160
	喜欢	5（0.65%）	685（88.39%）	85（10.97%）	775
	不喜欢	0（0%）	5（7.14%）	65（92.86%）	70

可以看出：入职前非常喜欢教师职业的160人中，入职后对教师职业非常满意的有80人，占总人数的50.00%；入职前喜欢教师职业的775人中，入职后非常满意教师职业的有5人，占总人数的0.65%；入职前不喜欢教师职业的70人中，入职后非常满意教师职业的人数为0，占总人数的0%。

综上，职业认同感与工作满意度之间呈正相关，职业认同感越高，工作满意度就越高。相反，职业认同感越低，工作满意度也会随之降低。因此，职业认同感是影响乡村小学新任教师入职适应的重要因素。

（3）教师教育背景

相关调查结果表明，乡村小学新任教师的教育背景也是影响其入职适应不容忽视的因素，这里的教育背景主要包括两个方面：一是是否为师范类专业，二是专业是否对口。

①是否为师范类专业

由于师范生接受过系统的教育理论和实践训练，专业素养要明显高于非师范生，在处理教学工作时会显得游刃有余，应变性更强。如在访谈中，一位女老师说：

"我是师范学院应用数学专业毕业的，以前在学校试讲的都是初高中的内容，突然换到小学，对教学内容不是很熟悉，教学方法运用也不是很到位，有时候甚至会被学生突然问到的问题扰乱教学思路。但是我毕竟是科班出身，有一定的专业基础，能迅速融入教学情境，适应教学内容的改变。"

俗话说："无知者无畏。"一些非师范生单纯地认为"教小学不难"，在报考教师岗位的时候缺乏对教师职业性质的认识以及理性的思考，具有随意性。在谈到选择教师职业的初衷时，W老师说：

"我学的是旅游管理，毕业后没找到合适的工作。觉得小学的教材内容比较简单，小学老师也比较轻松，就考了教师资格证，但我现在才发现越简单的知识反而越难讲。"

因此，是否具有师范专业背景对乡村小学新任教师的入职适应也有一定影响。

②专业是否对口

乡村小学新任教师职前主要学习的专业方向常见的有语文、数学、英语、科学、美术、体育等。一些乡村小学新任教师任教学科与自身专业方向不相符，存在体育教师教数学、数学老师教语文等"教非所学"的不合理现象。这种不合理的安排严重挫伤了乡村小学新任教师的教学积极性，加大了他们专业适应的难度。访谈中，很多新任教师反映这种原因导致教学难度增加。Z 老师说：

"我的专业是汉语言文学，考的是小学语文老师，但学校并没有按照招聘结果分配教学科目。因为五年级缺数学老师，三年级缺英语老师，我就这样补缺了。说实话，我数学一直不好，一些解题细节我都容易忽略，更别谈给学生教清楚了。我现在总感觉四年的专业学习被荒废了，因为在这里毫无用武之地。"

（4）教师任教任职情况

①教龄

为了分析乡村小学新任教师的教学态度与教龄之间的关系，本研究将教龄作为自变量（x），将教学态度作为因变量（y），进行交叉分析（表 26）。

表 26　乡村小学新任教师教龄与教学态度的关系（单位：人）

		教学态度			小计
		积极主动	随大流	无心教学	
教龄	1 年以下	535（82.31%）	100（15.38%）	15（2.31%）	650
	1—2 年	245（90.74%）	25（9.26%）	0（0%）	270
	2 年以上	80（94.12%）	5（5.88%）	0（0%）	85

表 26 显示，在样本教师中，教龄为 1 年以下的有 650 人，教学态度积极主动的有 535 人，随大流的有 100 人，无心教学的有 15 人，分别占总人数的 82.31%、15.38% 和 2.31%。教龄为 1—2 年的有 270 人，教学态度积极主动的有 245 人，随大流的有 25 人，无心教学的为 0 人，分别占总人数的 90.74%、9.26% 和 0%。教龄为 2 年以上的有 85 人，教学态度积极主动的有 80 人，随大流的有 5 人，无心教学的有 0 人，分别占总人数的 94.12%、5.88% 和 0%。

综上，教龄为 1 年以下的乡村小学新任教师最容易产生无心教学的教学态度。随着教龄的增长、教学经验的积累，他们逐渐能主动应对教学中出现的偶发事件，不再一味地随大流，教学积极性增强，适应水平也逐步提高。

②工作量

本研究将新任教师是否担任班主任和周课时量作为自变量（x），将从教心理状态作为因变量（y），分析了工作量与新任教师入职适应之间的相关性（表27）。

表 27　乡村小学新任教师的工作量与从教心理状态的关系（单位：人）

周课时量	是否担任班主任	从教心理状态				小计
		轻松愉悦	不喜不悲	紧张焦虑	抑郁自闭	
1—10 节	是	15（50.00%）	15（50.00%）	0（0%）	0（0%）	30
	否	15（30.00%）	25（50.00%）	10（20.00%）	0（0%）	50
11—20 节	是	75（19.23%）	205（52.56%）	85（21.79%）	25（6.41%）	390
	否	70（21.21%）	185（56.06%）	70（21.21%）	5（1.52%）	330
20 节以上	是	40（25.81%）	60（38.71%）	35（22.58%）	20（12.90%）	155
	否	10（20.00%）	25（50.00%）	15（30.00%）	0（0%）	50

表27显示，在样本教师中，周课时量在20节以上且担任班主任的155人中，有20人在入职以来感到抑郁自闭，占12.90%；而周课时量在20节以上未担任班主任的50人中，无一人在入职后感到抑郁自闭，占0%。因此，笔者推断工作量会影响乡村小学新任教师的入职适应水平，工作量越大，适应难度越高。这种推断也在访谈中被进一步证实。

（2019年12月25日18时，Y市G小学，M老师）M老师说："我们学校现在的教师都不分学段、不分学科，几乎什么都教，一切都是校长安排。我教二年级的数学和五年级的语文，再加上一些美术课、音乐课，一周满课30节。可以说我们一天24小时都在工作，下班了都还在忙于学校事务。我感觉自己就像是一个没有感情的工作机器，每天机械地干着重复、枯燥的工作，内心十分压抑，想要逃离这种工作环境。"

因此，工作量大是乡村小学新任教师普遍存在的问题，乡村小学新任教师在入职第一年是否担任班主任和周课时量会影响其入职适应水平。由于班主任往往会面临比科任教师更大的工作压力与人际压力，因此更容易出现入职适应不良。

4. 乡村学校环境因素

（1）学校工作氛围不和谐

工作环境对教师的成长与职业发展的影响不容忽视。不同的乡村学校在地理位置、人文环境、制度管理等方面存在差异，因此乡村小学新任教师的入职适应水平也有高低之分。本研究将能否融入教师群体文化作为自变量（x），将从教心理状态作为因变量（y），对相关数据进行交叉分析，以探寻两者之间的相关性，表 28 是相关分析结果。

表 28　新任教师能否融入教师群体文化与从教心理状态的关系（单位：人）

		心理状态				小计
		轻松愉悦	不喜不悲	紧张焦虑	抑郁自闭	
能否融入教师群体文化	完全能	75（27.27%）	125（45.45%）	70（25.45%）	5（1.82%）	275
	能	150（21.90%）	375（54.74%）	130（18.98%）	30（4.38%）	685
	不能	0（0%）	15（33.33%）	15（33.33%）	15（33.33%）	45

表 28 显示，样本教师中，完全能融入教师群体文化的 275 人中，任教后感到抑郁自闭的仅有 5 人，占 1.82%；能融入教师群体文化的 685 人中，任教后感到抑郁自闭的有 30 人，占 4.38%；不能融入学校文化的 85 人中，任教后感到抑郁自闭的有 15 人，占 33.33%，任教后感到轻松愉快的人数为 0。由此可见，乡村小学新任教师能否适应学校的工作氛围会对其入职适应产生影响。G 市 H 老师在谈到入职适应的影响因素时说：

“新老师在一个学校适不适应，其实关键在于学校的工作氛围。简单地说，就是与同事关系是否和睦。同事关系处理不好，新老师就难以融入工作环境。就像我们学校，同事之间的关系比较和谐，老教师也会主动帮助新教师，大家工作起来就比较愉快。”

但也有一些乡村小学新任教师由于学校工作氛围不和谐丧失教学热情。在一次访谈中，当问及学校工作氛围时，Z 老师说：

“去年学校要参加学区的一个文艺活动，校长安排我教孩子们啦啦操，我和孩子们只好顶着烈日反复练习。本来有 3 位体育老师可以轮换着教，但是他们老是找借口推辞，却有闲情逸致在办公室喝茶闲聊。只有我的搭档侯老师会来帮我放一下音乐。”

因此，工作氛围也是影响乡村小学新任教师入职适应的一大因素，良好的工作氛围能使他们感到轻松愉悦，主动适应教学环境。反之，不良的工作氛围会打击他们的教学积极性。长期处在消极的工作环境中的新任教师很容易沾染消极懈怠的教学风气，加剧其入职适应不良。

（2）教育风气不正

一些乡村的学校教育中存在着诸多弊病。前段时间，某乡村教师在网络上发表了《一群正在被毁掉的乡村孩子》，文章中说几乎每周都有上级领导在教学期间来校检查，严重影响了教学工作的正常实施。此文引起众多网友关注，在教育界掀起热议。本研究的一些访谈资料也印证了这种现象并不是空穴来风，而是真实存在的。Z 老师是 S 小学的一名新任教师，当谈及此事时，她说：

"农村学校教育观念传统，形式主义也体现得更加明显。现在国家对农村教育越来越重视了，但同时也加剧了乡村教师的负担。说实话，乡镇教育局的一些领导，有些都不懂教育，只知道走形式，三番五次地到学校检查，今天检查这，明天检查那，说白了就是走个过场。最近我们学校的事情也比较多，扶贫快结束了，很多来检查的，好像教学工作都没有迎接检查重要。"

不良的教育风气致使乡村小学新任教师陷入迷茫，本以为学校以教学为重，但事实上却被迫在教学工作与事务性工作之间徘徊，思考何去何从。这也是影响乡村小学新任教师入职适应的重要因素之一。

（3）农村家长教育观念传统

西部地区是多民族聚居地，社会历史因素导致当地农村家长的教育观念传统。本研究发现，乡村小学新任教师与家长交流中最常见的问题是教育观念的冲突。由于乡村教育水平相对落后，许多家长将学生的成绩作为衡量教师教学水平的唯一标准，没有意识到家庭教育在学生发展中的重要地位。在一次访谈过程中，当问及农村家长是否重视学生学习时，S 小学 W 老师说：

"以前家长和社会对教育的重视程度不够，现在生活水平提高了，就开始注重教育质量了。城里的学生家长文化水平较高，教育意识比较到位，能积极配合老师的工作。部分农村家长文化程度较低，他们对孩子的学习无从下手，只能寄希望于老师。同时，他们一直认为小学老师的工作很轻松，只需要上课。所以，他们认为自己孩子成绩差的原因就是老师教得不仔细。"

更有甚者，农村个别家长因为与新任教师发生口角，意欲殴打教师，扬言要将教师告到教育局，这使每一位奉献在乡村一线的教师心寒。在谈到西部农村家庭的教育观念时，在乡村任教 8 年的 H 老师说：

"现在受政策保护，农村孩子必须上学。一些家长的素质不高，比较蛮横，甚至故意刁难新老师，他们不知道老师的关注度对孩子的影响很大。城里的家长却不敢轻易得罪老师，因为他们怕老师放弃自己的孩子。"

一些家长错误地认为把孩子送到学校，自己就可以当甩手掌柜，高枕无忧了。

X 小学 N 老师说：

"家长最爱说的一句话就是：'我家孩子交给你了。'每次听到这句话我都是脸上笑嘻嘻，心里却特别无语。不得不说，农村家长的教育观念还是存在很大问题的。"

综上，农村家长的教育观念并没有与时俱进，依然十分传统落后，无形中也给乡村小学新任教师带来了较大的困扰。

5. 乡村教师队伍建设因素

（1）师资力量紧缺

乡村小学师资力量紧缺一直是棘手的问题，很多乡村小学年轻教师在工作几年后都通过教师考调流向城区小学，乡村教师队伍的稳定性不强，没有形成一支扎根乡村的精良的教师队伍。

笔者通过调查发现，样本教师所在小学规模较小，一般是 6 个年级 6 个班，但多数小学仅有教师 6—10 人，校长一般不任课。因此，师资力量紧缺直接导致绝大多数乡村小学新任教师的工作负荷过重。在样本教师中，有多人不仅担任班主任，周课时还在 20 节以上，甚至是 30 节。G 市 S 小学 W 老师在访谈中说：

"学校只有我一个体育老师，如果我一个人上体育课，一、二年级一周各 4 节，三、四、五、六年级一周 3 节，一周 6 个年级就有 20 节体育课，我们学校一周总共就 30 节课。如果我去上体育课，谁又去教二、四年级的数学？所以，不是不上体育课，也不是操场小了上不了体育课，而是一旦上体育课，其他课就排不开。毕竟我们学校小，教师数量有限，上课的老师只有 6 位。"

乡村教师数量紧缺导致一些教研活动无法正常开展，Z 老师说：

"我们学校一共就 8 位老师，大家几乎都是满课，根本没有时间开展教研活动。毕竟不能为了搞教研活动耽误正常上课。"

由此可见，教师数量紧缺也是影响乡村小学新任教师入职适应的一个重要因素。

（2）师资配置不合理

师资是按比例分配的，学校都是按学生人数分配教师。乡村学校规模普遍较小，很多学校每个年级只有 1 个班，班额不多于 30 人。按师生比例分配，学校教师数量较少，大部分乡村小学教师在 8 人左右。按 1 周 30 节课计算，6 个年级 6 个班 1 周共有 180 节课，这意味着每名教师几乎要承担一个班的所有课时。尽管"特岗计划"明确要求依据定岗定位的原则进行招聘，但在实施过程中，岗位分配随机性大，难以做到统筹兼顾。

一些教师虽然经过了紧张有序的招聘环节，而在被录用后准备上岗的时候却被随机安排，出现了教非所学的现象，他们被迫由"科任教师"转变为"全科教师"。

C老师坦言：

"我现在教的和我之前学的专业完全相反，所以我目前的工作状态并不好。我是学语文的，只想当一名语文老师，毕竟我对数学不是很感兴趣，更别说让我去教学生了。"

由此可见，师资分配不合理、专业不对口也是影响新任教师入职适应的一个重要原因，学校应当根据实际情况，合理分配师资力量，做到物尽其用、人尽其能。

（3）校本培训缺失

校本培训是乡村小学新任教师专业发展的主要途径。但大部分样本教师缺少学习的途径，没有获得老教师的指导。关于"您所在的学校向新任教师提供了哪些帮助？"大部分样本教师选择"观摩公开课"、"以老带新"和"教研活动"等常规的校本培训方式。

但通过访谈发现，这些培训方式几乎形同虚设。师资不足导致新任教师没有时间听公开课。尽管学校实行师徒制，但实际上新老教师之间也只是"搭档关系"，新任教师变相地分担老教师的工作量。当谈到入职后的困难和需求时，Z老师说：

"生活方面的困难还可以克服，学校管理和人际关系也能接受，唯一让我感到焦虑的就是学校可供新老师学习的渠道太少了。我在入职后参加了'国培'，就只是看视频，效果不怎么样。我想听我们学校有经验的老教师上课，学习一些教学经验，但却被他们拒绝了。"

当谈到入职培训的作用时，Y老师说：

"我认为新教师入职培训很有必要，对老师有一定的指导作用。但入职培训一般都是校外组织开展的，培训时间短，培训效果有限。我希望今后学校的老教师能给我们新入职老师提供更多的指导与帮助，特别是教学指导。"

由此可见，校本培训的缺失是乡村小学新任教师专业能力提升困难的重要原因。毕竟教学只靠"摸着石头过河"是见效甚微的，乡村小学新任教师长期处于孤立无援的状态，这会消耗他们的教学热情。

（4）社会经济地位低

长期以来，受城乡发展不平衡、交通地理条件不便和学校办学条件差等多种因素影响，乡村教师收入微薄、社会地位低。目前，乡村小学教师的工资待遇和社会地位虽有改善，但与社会其他各行业的收入相比依然偏低。乡村小学新任教师的收入水平一般处于整个教师群体的最底层，无法满足他们对生活质量的更高需求。同时，农村工作环境也在一定程度动摇了他们留在乡村任教的决心。G市M老师说：

"一些没读大学的同学都在大城市发展，如今有房有车有存款，免费师范生一毕业就能留在城区工作。而我们却只能待在农村，有时候都感觉与外界脱轨了，而且我总感觉乡村老师的社会地位比较低，容易被人看不起。"

乡村的工作条件比城市艰苦，乡村教师社会经济地位低，容易造成新任教师心理失衡，也是影响其入职适应的一个重要因素。

（二）研究启示

1. 建立和完善乡村小学新任教师入职制度

教育政策具有协调教育系统内外部各种因素之间关系从而为教育事业提供资源、保障和规范的功能（张乐天，2002：27-30）。

目前，我国尚未建立专门的新任教师入职支持制度，也没有出台专门的政策文件，更没有专门的管理机构，只有一些零散的新任教师培训制度，但也缺少指向性、针对性和实效性。全国各地在教师入职支持制度的建立上没有统一步调，有些省市仍采用传统单一的入职支持方式，没有形成一套独立完整的教师入职支持制度。由于教师成长是有阶段的，不同的阶段有不同的需求，入职初期能否得到有效的支持将影响教师的职业生涯。因此，入职制度除了重视教师专业培训，还应当保障新任教师基本的生存条件。在一些发达国家，教师入职支持制度已比较成熟，且有政策支持与法律保障，日益成为教师教育制度中不可或缺的重要组成部分，其中有许多成功的经验值得我们借鉴。

综上，国家教育行政部门应当制定有关乡村新任教师入职支持的政策法规，同时，要制止以往新任教师培训中不成文的习惯做法，使新任教师获得入职支持的法律保障，对未提供或未按规定为新任教师提供入职支持的学校或教育部门做出相应的惩处，确保乡村小学新任教师入职制度正常、高效运转。通过制定相关的政策法规来推动新任教师入职支持体系的发展，为乡村小学新任教师提供切实有效的支持和帮助，使他们早日适应教师职业，全身心地投入到教育工作中去。

（1）完善乡村小学新任教师入职培训制度

目前，我国尚未设立专门负责教师入职培训的管理机构，一般都是由当地教育部门牵头组织，由一些师范院校或地方教师培训机构承接新任教师的入职培训工作，其培训水平参差不齐，且较为零散，效果不明显。尤其是乡村小学新任教师的入职培训更是得不到保障，除了统一的入职培训，他们到岗后几乎没有接受任何培训，基本上处于"摸着石头过河"的状态。为了贯彻、落实教育部关于新任教师入职培训的相关政策法规，提升乡村小学新任教师入职培训的实效性，教育行政部门有必要设立专门的教师入职培训管理机构，负责新任教师入职培训工作，制定明确的入职培训目标，选择合适的培训方式与内容，进一步完善我国的教师入职培训制度。

因此，笔者建议在教育部教师工作司下设小学教师入职培训管理办公室，对全国小学新任教师入职培训进行科学部署。主要职能如下：一是审定全国各级小学教师培养机构的培训资格；二是从实际出发，对不同地域的小学新任教师的入职需求进行调查和分析研究，制定相应的支持方案和实施机制；三是组织对地方小学新任教师入职支持效果进行检查与评估，不断改进已有的入职培训模式。

此外，要在市县教育局设立小学新任教师入职培训管理部门，因地制宜地规定当地小学新任教师入职培训的时间、内容、目标、考核细则等，保障小学教师入职培训工作有条不紊地推进。我国的新任教师培训主要包括校内培训和校外培训两种，但由于条件限制，乡村小学新任教师的入职培训主要依靠校外培训，一般由当地教育部门或高等师范院校组织开展，通常采取教育讲座的方式，这样容易流于形式。因此，乡村小学新任教师入职培训方式亟待改革。

一要改革校外培训。抓住乡村小学新任教师缺乏教育实践经验的特点，切合其培训需求，扎根于课堂教学这块沃土，适当减少理论知识培训，加强教学实践培训。鼓励采取观摩、参与、合作、讨论、反思等灵活多样的培训方式，让乡村小学新任教师在真实的教学情境中积累教学经验，充分发挥教师入职培训的实效性。

二要狠抓校内培训。学校是乡村小学新任教师工作的主要场所，校本培训的有效实施能使新任教师在工作中少走弯路。常见的校本培训方式有以老带新、观摩公开课、开展教研活动等。乡村学校要完善以老带新帮扶制度，尽量选择同科目、教学经验丰富、教学能力强、有亲和力的老教师作为指导老师，明确指导老师的责任与权益，定期对指导成效进行检验，并按指导成效给指导老师相应报酬、奖励，最大限度调动其积极性。乡村小学虽受师资限制无法正常开展教研活动、观摩公开课，但乡村也有相应的网络学习设备，乡村小学可以充分利用网络平台开展教研活动，以学区为单位，每周五在网络上统一开展教研活动，以专家教师为主导，以新任教师为主体，讨论教学中存在的问题。乡村小学新任教师如果没有观摩公开课的时间与机会，也可以充分利用网络资源进行自主研修，如在一师一优课等教育平台上去听优质课。

（2）建立乡村小学新任教师岗位配置标准

《中华人民共和国教师法》第三条规定：教师是履行教育教学职责的专业人员。教师群体作为一个专业组织，有其内部的专业逻辑，不能以国家行政组织逻辑来掩盖教师组织的专业逻辑（李新翠，2015）。

乡村师资力量紧缺造成了大量新任教师在入职后面临着"所教非所学"的考验。但从长远发展的角度来看，乡村的教育教学应当和城里一样，是分学科、分班级进行的，不仅需要保证教师数量，还需要合理分配各学科教师。

因此，相关教育部门必须建立乡村小学新任教师入职岗位分配标准，突破政府把控下的单纯数量规划，实现从基于学生数量分配教师到基于教学工作量分配教师的制度变迁，充分发挥教师的专业价值。该项标准具体包含两个方面：一是乡村学校教师人数标准。毕竟让体育教师去教数学，不仅是对教师的考验，更是对学生的不负责。学校应结合实际需求，根据教学工作量适当增加教师选聘数量，保障各科教师人数合理分配，切实做到"各科有人教，各科都会教"，充分发挥"术业有专攻"的优势，确保乡村小学教育教学工作正常展开。二是乡村小学要合理分配新任教师的工作量。乡村小学新任教师在入职初期应当以跟班学习为主，其周课时量应当不多于 16 节，且任教两个班的新任教师原则上不应承担班主任工作。

（3）完善发展性教师评价机制

学校是促进教师专业发展的主阵地，科学有效的评价机制对教师专业发展起重要作用。常见的教师评价方式有诊断性评价、形成性评价、终结性评价三种。传统的教育重视对教师的终结性评价，常以学生的学业成绩判定教师教学能力的高低，具有较强的片面性。乡村小学新任教师初登讲台，缺少教学经验，教学水平落后于老教师，这挫伤了他们的教学积极性，增加了其入职适应难度。

因此，学校要树立为促进教师专业发展而评价的教师评价新理念，改进教师评价的内容和机制，有效帮助乡村小学新任教师实现入职适应。

首先，在评价乡村小学新任教师时，应当改单一评价为多元评价，采用诊断性评价、形成性评价、终结性评价三者交互的评价方式。在开课前，学校要通过诊断性评价对新任教师的教学水平做出初步鉴定。在学期中，学校要有效结合形成性评价，为新任教师建立专业成长档案，将学生考试的成绩平均分、教师参与的各项技能比赛获奖情况完整地记录在内，以此作为判定教师专业成长的依据。要合理使用终结性评价，学生的期末成绩应当作为教师教学效果的一项参考依据。只有将这三种评价方式配合使用，才能更好地达到以评价促发展的目的。

其次，学校应当采取分类分层的教师发展性评价方法。在评价学生时，人们主张全面评价学生。同样，在评价教师时也不能用一把尺子。教师是不断发展的个体，不同年龄段、不同层次、不同类别的教师专业发展需求和发展重点不一样，对于乡村小学新任教师应当有独立的评价体系。学区应当为不同类别的教师量体裁衣，先按学科性质分类，再按年龄、职称或教学能力进行分层，同类同层次的教师采用一种评价标准。这样既符合同类可比的评价原则，便于考核管理，也有利于激发教师的进取意识，提高教学质量。

最后，学校应当制定合理的评价标准。处于不同阶段和发展水平的教师，其评价标准应当不同。如乡村小学新任教师只要能按质按量完成基本的教育工作就可以判定为合格，而应当对老教师的教学质量提出更高的要求。

（4）建立农村教师住房制度

保障教师的生存条件，是教师人权的基本要求，也是教师能否完成教育任务和实现进一步发展的基础性条件。（叶澜，2007）

充足的物质条件是乡村小学新任教师开展教育教学活动的前提和保障。近年来，尽管国家加大了乡村教育财政投入力度，西部农村学校的教育设施也有了明显的改善，但乡村教师的住宿环境仍是一个老大难的问题。在乡村小学新任教师群体中，大多数是年轻的女教师，受地域限制，她们一般吃住都在学校。除了工作时间，宿舍便是她们的第二阵地，住宿条件能否满足她们的基本生活需求，将直接影响其工作状态。国家教育财政投入不应当只局限在教学设施上，也需要适当向教师生活领域倾斜。

因此，建立农村教师住房制度是着力改善乡村小学新任教师入职适应的必要之举。笔者建议在由中央、省、市、县四级政府按一定比例共同出资的基础上，适度加大中央财政支持，设立乡村中小学教师宿舍工程专项资金，以加快推进乡村小学教师宿舍搭建工程，建设具有公寓性质的教师住校周转房，教师可以有偿或无偿使用，工作调动后随即搬离。教师住房制度应尽量确保每位有住房需求的乡村小学新任教师至少享有一室一厅一厨一卫的住房待遇，并配备必要的家电设施，使其在入职后有房住、乐意住，以"住得舒心"带动"教得用心"。同时，要提高住房补贴、住房公积金的发放数额，鼓励多元化的乡村教师住房供给体系，允许教师自建住房、学校集资建房、政府建设经济适用房和购买商品房等，切实解决乡村小学新任教师的住房问题。

2. 营造和谐的工作环境

马斯洛认为，人有归属与爱的需要、尊重的需要。学校是乡村小学新任教师适应的最主要场所，和谐的工作环境是每一位教师所渴求的。学校的管理制度、教风学风、教师群体文化等都对教师的入职适应产生着重要的影响。因此，师范生在择业时十分关注学校的风评。

（1）创设具有人文关怀的工作环境

内尔·诺丁斯的关怀教育理论充分论证了关怀是个体发展不可或缺的支持力量。

目前，学校普遍崇尚人性化管理，倡导用发展的眼光看待学生，鼓励因材施教，帮助学生实现全面发展。但学校始终将关怀的目光放在学生身上，忽视了兢兢业业扎根于教育一线的教师。教师目前的工作环境有待改善，这不仅仅是指教师工作硬件的改进，更指向"软环境"的营造。

长期以来，我们总是把促进新任教师的入职适应看作是学校的责任与义务，或者认为这是新任教师自身的事情，而忽视了教育的整体性。与有经验的老教师相比，新任教师属于弱势群体，在入职初期会比其他教师更需要外部的支持和帮助。朱永新认为，站在讲台前的人，决定了教育的品质。乡村小学新任教师是乡村教育未来的主要力量，帮助其尽快适应工作不仅是教育部门和学校的责任，还应当是整个国家的责任、面向未来的事业。支持主体应当包括教师教育行政部门、教育研究机构、师范院校、任职学校、学区、社区等。其中，教育行政部门要出台相应的乡村小学新任教师入职保障政策；教育研究机构要结合一线调研结果，为新任教师入职适应提供理论支持；师范院校要加强师范生的培养，增设实践课程，锻炼师范生的教育技能，多为师范生提供见习实习的机会，为基础教育培育优秀的教师；任职学校要为新任教师营造良好的工作氛围，帮助新任教师实现专业良好发展；学区要形成良好的教育风气，建立互帮互助的统一体；社区要支持配合新任教师的工作，对教师职业抱以合理期待。当部分以合理、有序的结构构成整体时，就会实现整体功能大于部分功能之和的效果。只有各支持主体在各司其职的基础上相互联系与配合，才能发挥新任教师入职支持体系的最大作用。

由于乡村小学新任教师大部分时间都待在学校，除了学生，相处最为频繁的便是同事。因此，要促进新任教师的入职适应，首先，要建立同事之间的关怀关系，创设具有人文关怀的学校工作环境。其次，学校在聘用和管理教师时，应当关注教师作为"人"的个体在职业生涯中持续的生命成长。学校不能将教师单纯地看作"受雇者"，只着眼于管理，更不应该将教师看作"教书机器"，只强调其社会价值，而忽视其个人发展。

学校应当是乡村小学新任教师赖以生存的家园，是其实现个人价值与社会价值的主要阵地。为了创设具有人文关怀的学校工作环境，学校可以在新任教师入职时组织开展"入职欢迎会""新老教师手拉手联谊会""同手同脚""你比我猜""侧耳倾听之说说心里话"等校内交流活动，以此拉近同事关系。

（2）形成良好的乡村教育风气

蓬生麻中，不扶而直；白沙在涅，与之俱黑。这充分体现了环境对个人发展的重要性。乡村小学新任教师刚刚进入教师行业，学校的教风学风都会对他们的职业生涯发展产生重要的影响。好的工作环境能孕育出名师，差的环境却能摧毁教师。由于乡村教育长期不受重视，乡村教师素质也良莠不齐，一些教师把教书当作谋生的途径，没有教师应有的使命感，更没有认真履行教书育人的职责与义务。一些样本小学存在颓靡之风，大搞形式主义。怀着满腔教育热情的新任教师在入职后，有的甚至会因为工作出色而遭受排挤与冷眼，这极大地挫伤了他们的教育热情，阻碍了乡村教育事业的发展。

我国基础教育的瓶颈在乡村，师资队伍的短板也在乡村。《乡村教师支持计划（2015—2020年）》明确，要把乡村教师队伍建设摆在优先发展的战略地位，多措并举、定向施策、精准发力，造就一支素质优良、甘于奉献、扎根乡村的教师队伍。要实现这一目标，必须自上而下严肃整顿不良的教育风气，采取相应措施来净化乡村教育环境。一是乡村教育部门要狠抓教育工作，了解基础教育动态，走访视察要落到实处，不能只是走马观花。二是要鼓励同一学区之间互惠共赢，实行强弱搭档，共同提高教学质量。教师之间要进行阶段性、发展性评比，从而提高教师的工作积极性，提高乡村教育质量。三是要充分发挥榜样示范作用，定期开展"教学能手""最美乡村教师""我的教育故事"等评选活动，进一步增强乡村教师的职业责任感与使命感。

（3）改变农村传统落后的教育观念

随着城乡一体化的大力推进，城乡差距日益缩小，但一些偏远乡村的教育观念依然十分传统落后，这也是导致乡村教育落后于城市教育的主要原因之一。如今，国家日益关注乡村教育，教育部门提出了一系列鼓励乡村教育发展的政策与措施，并指出乡村振兴之关键就在教育，乡村教师也逐渐受到社会各界的高度关注。但是由于农村家长的文化程度不高、教育观念传统，他们一度认为教育孩子的责任全在老师，孩子一入学，他们就全然成了"甩手掌柜"，孩子出现任何问题都习惯性地归咎于学校，问责于老师，不反省自身，不注重家庭教育的重要性，这给乡村教师入职初期的教学工作造成了巨大阻力。

因此，为改变这种传统的教育观念，笔者提出三点建议：首先，家长要树立正确的教育意识，与学校共同承担教育孩子的责任与义务，主动与老师沟通，积极配合学校的工作。其次，家长要以身作则，明白家庭教育对孩子一生发展的重要性，营造良好的家庭教育氛围，关注孩子的学习状况。最后，家校合作，学校定期召开家长会，向家长宣传现代先进的教育观念，共同促进孩子的发展。

（4）弘扬尊师重教的传统美德

《关于全面深化新时代教师队伍建设改革的意见》提出，要让广大教师在岗位上有幸福感、事业上有成就感、社会上有荣誉感。荀子有言："国将兴，必贵师而重傅；贵师而重傅，则法度存。"教师社会地位的高低，反映了一个国家对教育的重视程度，也影响着一个国家的兴盛程度。只有明确教师的重要地位，凸显教师职业的公共属性，强化教师承担的国家使命和公共教育服务的职责，才能不断吸引大批优秀人才进入教师队伍，留在教师队伍。

因此，笔者建议，从整个社会大环境着手，弘扬尊师重教的传统美德，增强教师的职业幸福感，使乡村小学新任教师甘愿留在乡村从教。乡村小学可以以学区为单位，以教师节为契机，定期开展"我最敬佩的老师""感人的教育故事"等系列活动，鼓励多元主体参与，让教师职业得到更多人的理解与支持。只有社会对教师职业准确定位，予以合理期待并认识教师职业，不以圣人、完人的标准苛求教师，让尊师重教的美德得到发扬与传承，乡村小学新任教师才能得到更多人的理解与支持，获得更为广阔的发展空间。

3. 提升乡村小学新任教师入职适应能力

心理学家马斯洛认为，自我实现是一种成长性的需要，是一种不断完善自我的需要，也是人的高层次需要。乡村小学新任教师提升入职适应能力最关键的是要从自我做起，增强职业认同感，积极反思教学实践，加强心理调适能力，建立亲密融洽的同伴关系，努力克服入职适应期遇到的各种问题。

（1）增强职业认同感

教师的职业认同感是指教师个体对教师职业的胜任程度和认可度，既包括个体对自己从教技能、教师素养、教学效果的自我肯定，也包括个体对教师职业的忠诚度、热情度、幸福感等情感及价值需求层面的体验和认知（Bond，1996）。

职业认同感是教师发展的核心，能促使教师稳健、持续、高效地完成教育工作。目前，一些师范生不喜欢教师职业，仅仅因为专业限制才报考教师，进入了教师行业；一些非师范生选择教师的直接原因也是因为教师有编制、有寒暑假等，他们对教师职业了解甚少，认识不到位，这些都对其入职适应造成了一定影响。入职后，这些乡村小学新任教师面对乡村交通不便、学校设施落后、工作难度大等现实问题，更加容易产生挫败感，加剧了其入职适应不良。

乡村小学新任教师应当更新教师职业理念，清除功利思想，改变把教师当成一种谋生职业的错误观念，培养对乡村教师职业的忠诚度、热情度，把教书育人看作实现自我价值与社会价值的途径，在积极教学中体验幸福感。

（2）积极反思教学实践

教学反思指教师在进行教学活动之后，回过头来审视自己的教学理念、教学设计、课堂活动等，对自己的教学进行分析、判断、评价与批判，并调整和改进自己的教学策略。在课堂教学中，经常会出现一些偶发事件。偶然中蕴含必然，这些突发事件通常也是乡村小学新任教师在教学中遇到的尚未解决的问题。这些问题不应该被视为阻碍新任教师专业成长的"绊脚石"，而应当被看作"磨刀石"，因为正是这些突发事件为乡村小学新任教师的教学反思提供了十分宝贵的素材，极大地激发了新任教师的教育机智。

在实习期间，笔者与一些教学经验丰富的老教师交流，他们大都建议新任教师多反思教学实践，虚心向有经验的老教师请教。Z 主任说：

"总的来说，新老师还是听课听得少了，以至于他们的教学方法一直没有改进。当然新老师不仅要虚心求教，还要有自学自悟的能力，最主要是在课堂教学后去反思，去悟到一些道理。"

S 小学教务处 M 老师也说：

"我觉得新老师还是要在平常上课之前备好课，上完课多总结这节课的得与失，这样坚持不懈，新老师的能力就会有明显长进。"

因此，乡村小学新任教师要养成"吾日三省吾身"的反思习惯，积极反思教学实践，将个人的教学理念、教学方式和教学经验有机融合，促进自身的专业适应。常见的教学反思有三种方式：一是自我反思。这是最普遍、最方便、最灵活的反思方式，即在每次课后及时进行教学反思，总结得失，扬长补短，不断提升自身的教学能力。二是借助同行评价进行反思。由于自我反思的主观性较大，乡村小学新任教师也可以通过同行评价来弥补自身教学的不足，尤其是同年级、同学科教师在教学工作上具有极大相似性，他们对课堂教学的成功和不足的认识更全面、更深入，能提出更加可行的改进教学实践的思路与方法。三是在学生评价中总结反思。"教师的教"最终是为了"学生更好的学"，学生是教育教学活动最直接的参与者，对课堂有着直接的感受和判断。乡村小学新任教师应当鼓励学生评价教师课堂，在课后及时与学生交流，听取他们提出的合理建议，及时调整自己的教学策略。

（3）加强心理调适能力

乡村小学新任教师在入职初期会面临角色、工作环境以及人际关系等方面的巨大改变。尤其是一些外地教师进入陌生的乡村学校工作，短期内难以适应。笔者发现，在同等工作条件下，性格内向的样本教师在面临外界的各种压力时，通常采取消极回避态度，加剧了适应不良。相反，性格外向的样本教师遇到的适应问题较少，他们善于与他人沟通，乐观积极地面对入职适应问题，并主动分析和解决问题。

G市S小学的Z主任对新任教师建议：

"以我对学校这些新老师的观察与了解，我认为最重要的是态度问题。对于小学来说，教师教学能力是次要的，态度比能力更重要。在面对一些工作时，新老师首先要乐于接受，端正自己的态度，不要总觉得找你办事就是为难你。其实前三年是新任教师锻炼的好时机，也是最容易出成绩的时期。"

随着教龄的增长，乡村小学新任教师会表现出冷静与成熟，他们对教师职业有了更深入的认识，也能逐步意识到教师职业的意义。G市X小学Y老师说：

"建议新老师戒骄戒躁。大家都是从新老师发展过来的，刚开始谁都会遇到一些难以解决的问题，只要把心态摆正，经过一两年就慢慢习惯了，给学生认真上好每一堂课是最基本的。"

乡村小学新任教师初为人师，很容易因为繁杂的学校事务或是一些生活难题产生不良情绪，这种低落的情绪长期持续将严重影响其教育教学工作的顺利进行。乡村小学新任教师应当加强自身的心理调适能力，合理把控自己的情绪。首先，要端正心态，尽力保持乐观积极的态度，正视现实，承认差距，激发适应的内驱力。其次，要合理定位，主动虚心地向领导、同事请教，为自己的教育教学工作打下良好的基础。最后，要劳逸结合，科学合理地分配自己的体力、脑力，以健康的身心状态去应对教师工作中的一切挑战。

（4）建立亲密融洽的同事关系

乡村小学新任教师来到一个新的环境，需要建立新的人际关系。乡村小学新任教师由于年龄相仿、有共同的语言且同样面临入职挑战，其内部成员之间很容易结成同伴关系。对于其他老同事，乡村小学新任教师也应当主动建立亲密融洽的关系。

N老师是外地教师，入职后适应不了学校的住宿环境。但她通过主动与同年入职的M老师建立同伴关系，逐步克服了适应问题，目前已适应学校的工作环境。N老师说：

"刚入职时，周末一个人住在宿舍，常常会因为害怕整夜睡不着觉。M老师是本地人，她和我是同时入职的。我们熟识后，她周末就陪我住学校，渐渐地，我也就习惯这里了。"

因此，乡村小学新任教师应当主动与同事建立亲密融洽的关系，积极融入工作环境，努力克服入职期遇到的各种适应问题，顺利度过教师入职适应期。

参考文献

顾明远，1998. 教育大辞典（增订合编本）[M]. 上海：上海教育出版社 .

李新翠，2015. 我国中小学教师配置标准政策变迁的制度逻辑：基于历史制度主义的分析 [J]. 教育研究（110）：72-77.

罗超，廖朝华，2011. 特岗教师的职业认同感研究：基于云南省鲁甸县特岗教师的现状调查分析 [J]. 教育理论与实践（29）：45-47.

叶澜，2007. 改善教师发展生存环境，提升教师发展自觉性 [N]. 中国教育报，2007-09-15（3）.

张乐天，2002. 教育政策法规的理论与实践 [M]. 上海：华东师范大学出版社 .

周俊，2020. 问卷数据分析：破解 SPSS 的六类分析思路 [M]. 2 版 . 北京：电子工业出版社 .

BOND R,1996.Teachers'professionalism：overview[M]//BOAK T, BONO R, DWORET D, et al. Changing research and practice: teachers' professionalism, identities and knowledge. London: Routledge: 67-77.

附　录

乡村小学新任教师入职适应现状调查问卷

尊敬的老师：

您好！非常感谢您在百忙之中抽出宝贵的时间填写这份问卷！此问卷旨在了解小学新任教师的入职适应情况，帮助新任教师尽快适应教师职业。本问卷采用无记名形式，您的个人信息均予保密，且问卷收集的信息仅供研究，不会外传，请您放心作答！衷心感谢您的热心支持与配合！

1. 您的性别（　　　）

A. 男　　　　　　　　B. 女

2. 您是否为师范专业毕业生？（　　　）

A. 是　　　　　　　　B. 否

3. 您的最高学历（　　　）

A. 大专　　　　　　　B. 本科　　　　　　　C. 硕士

4. 您的教龄（　　　）

A.1 年以下　　　　　　B.1—2 年　　　　　　C.2 年以上

5. 您是否担任班主任？（　　　）

A. 是　　　　　　　　B. 否

6. 您一周有多少节课？（　　　）

A.1—10 节　　　　　　B.11—20 节　　　　　C.20 节以上

7. 您喜欢教师职业吗？（　　　）

A. 非常喜欢　　　　　　B. 喜欢　　　　　　　C. 不喜欢

8. 成为教师之后，您对教师职业满意吗？（　　　）

A. 非常满意　　　　　　B. 满意　　　　　　　C. 不满意

9. 您能否自觉履行教师的职责与义务？（　　　）

A. 完全能　　　　　　　B. 能　　　　　　　　C. 不能

10. 您任教以来的心理状态是（　　　）

A. 轻松愉悦　　　　　　B. 不喜不悲

C. 紧张焦虑　　　　　　D. 抑郁自闭

11. 您适应工作地的自然环境吗？（　　　）

A. 非常适应　　　　　B. 适应　　　　　　　C. 不适应

12. 您满意学校的住宿条件吗？（　　　）

A. 非常满意　　　　　B. 满意　　　　　　　C. 不满意

13. 您能否接受学校的管理制度？（　　　）

A. 完全能　　　　　　B. 能　　　　　　　　C. 不能

14. 您能否融入任教学校的教师群体文化？（　　　）

A. 完全能　　　　　　B. 能　　　　　　　　C. 不能

15. 您任教学校的教学设施完备吗？（　　　）

A. 非常完备　　　　　B. 完备　　　　　　　C. 不完备

16. 您能否与学生有效沟通并建立良好关系？（　　　）

A. 完全能　　　　　　B. 能　　　　　　　　C. 不能

17. 您能否与学生家长有效沟通并建立良好关系？（　　　）

A. 完全能　　　　　　B. 能　　　　　　　　C. 不能

18. 您能否与同事有效沟通并建立良好关系？（　　　）

A. 完全能　　　　　　B. 能　　　　　　　　C. 不能

19. 您能否与学校领导有效沟通并建立良好关系？（　　　）

A. 完全能　　　　　　B. 能　　　　　　　　C. 不能

20. 您对待教学工作的态度是（　　　）

A. 积极主动　　　　　B. 随大流　　　　　　C. 无心教学

21. 您在上课之前会精心备课吗？（　　　）

A. 经常会　　　　　　B. 偶尔会　　　　　　C. 不会

22. 针对您目前的专业能力，您觉得主要有哪些挑战？（　　　）（多选）

A. 教学工作量大　　　B. 教学工作难度高　　C. 缺乏课堂管理经验

D. 教学设施不完备　　E. 自身教学能力不足　F. 缺乏有效的学习与指导

G. 与学校的教学工作步调不一致

H. 其他_____

23. 您所在的学校向新任教师提供了哪些帮助？（　　　）（多选）

A. 以老带新　　　　　B. 校外进修

C. 教研活动　　　　　D. 观摩公开课　　　　E. 其他_____

24. 作为一名新任教师，您有哪些需求？（　　　）（多选）

A. 国家应提高教师的薪酬、福利待遇

B.社会应对新任教师予以理解、包容和合理期待

C.学校应完善"老带新"制度，适当减少新任教师的工作量

D.提供观摩学习优质课堂的机会，博采众长

E.多组织新老教师交流，建立良好互助的同事关系

F.其他_____

请您仔细检查题目，确保无漏填、误填。再次感谢您的作答！